트렌드 기초
일본어 회화

마인드
박스

유튜브에서
〈트렌드 기초 일본어 회화〉를
검색하세요.

blog.naver.com/mindbox1

트렌드 기초
일본어 회화

개정판 1쇄 **발행** 2025년 8월 1일
개정판 1쇄 **인쇄** 2025년 7월 25일

저자	더 콜링
발행처	마인드박스
발행인	강신갑
주소	서울시 마포구 포은로2나길 31 벨라비스타 208호
등록번호	105-91-62861
등록일자	2011년 7월 10일
전화	02.406.0047
팩스	02.406.0042
이메일	mindbox1@naver.com
MP3 다운로드	blog.naver.com/mindbox1

ISBN 979-11-94500-05-6 (13730)
값 17,000원

ⓒ MINDBOX, 2025

마인드박스는 **랭귀지북스**의 임프린트입니다.
이 책은 저작권법에 따라 보호받는 저작물이므로 무단 전재와 무단 복제를 금지하며,
이 책 내용의 전부 또는 일부를 이용하려면 반드시 저작권자와 **마인드박스**의 서면 동의를 받아야 합니다.
잘못된 책은 구입처에서 바꿔 드립니다.

이 책의 특징

✱ 일본어 표현이 한눈에!

왕초보에서 초·중급까지 모두에게 필요한 일본어 기초 표현이 여기 있습니다. 인사, 여행, 쇼핑, 사건 & 사고 등 언제 어디서나 필요한 표현을 바로 찾아 다양한 문장을 구사할 수 있습니다. 더구나 SNS의 발달로 일본인 친구 사귀기는 마음만 먹으면 쉽게 할 수 있습니다. 이제까지 보디랭귀지와 단어 나열로 상황을 모면했다면, 지금부터 이 책에서 공부한 표현들로 마음껏 이야기해 보세요.

✱ 일본어 발음이 한눈에!

왕초보도 일본어를 쉽게 읽을 수 있도록 원어민 발음과 가까운 소리로 한글 발음을 각 표현 밑에 표기했습니다. 한글 표기를 따라 읽고, 동영상 자료와 MP3를 비교해 들으면서, 자신 있게 일본어를 구사해 보세요.

✱ 일본어 글씨가 한눈에!

일본어 공부 자체도 어려운데, 작고 빽빽한 일본어 글씨에 지친 학습자를 위한 '큰글씨' 일본어회화 책입니다. 한눈에 보여서 쉽고, 일본인과 바로 통하는 표현들만 있어 더 쉽게 다가오는 이 책으로 막힘없이 일본어를 말해 보세요.

✱ 말하기 집중 훈련 유튜브 영상 & MP3!

이 책에 있는 모든 회화 표현을 원어민의 정확한 발음으로 녹음한 MP3 파일과 본문 영상을 제공합니다. Unit마다 QR코드를 스캔하여 영상 자료를 쉽게 찾아볼 수 있습니다. 자주 듣고 큰 소리로 따라 말하며 학습 효과를 높여 보세요.

일본어 문자

일본어는 기본적으로 히라가나와 가타카나, 한자로 표기합니다. 히라가나와 가타카나를 각각 음절에 따라 행과 단으로 배열한 표를 흔히 50음도라고 하는데, 오늘날 사용되지 않는 가나 문자를 빼면 모두 46자입니다.

1. 히라가나 ひらがな

MP3. C0

히라나가는 한자의 초서체에서 유래한 문자로, 오늘날 모든 인쇄와 필기에 사용되는 가장 일반적이고 기본적인 일본어 문자입니다.

	あ단	い단	う단	え단	お단
あ행	あ 아	い 이	う 우	え 에	お 오
	あめ 아메 비	いぬ 이누 개	うえ 우에 위	えき 에끼 역	おとうと 오또-또 남동생
か행	か 카	き 키	く 쿠	け 케	こ 코
	かさ 카사 우산	き 키 나무	くつ 쿠쯔 신발	けが 케가 상처, 부상	こと 코또 일, 것

さ행	さ 사	し 시	す 스	せ 세	そ 소
	さくら 사꾸라 벚꽃	し 시 4, 넷	すし 스시 초밥	せき 세끼 자리, 좌석	そば 소바 곁, 옆
た행	た 타	ち 치	つ 츠	て 테	と 토
	たくさん 탁상 많음	ちち 치찌 아버지	つゆ 츠유 장마	て 테 손	ともだち 토모다찌 친구
な행	な 나	に 니	ぬ 누	ね 네	の 노
	なみだ 나미다 눈물	にく 니꾸 고기	ぬいめ 누이메 솔기	ねだん 네당 가격, 값	のり 노리 김
は행	は 하	ひ 히	ふ 후	へ 헤	ほ 호
	はな 하나 꽃	ひ 히 해, 태양	ふく 후꾸 옷	へや 헤야 방	ほか 호까 다른 것, 밖

ま행	ま 마	み 미	む 무	め 메	も 모
	まえ 마에 앞	みみ 미미 귀	むかし 무까시 옛날, 예전	めいし 메-시 명함	もも 모모 복숭아

や행	や 야		ゆ 유		よ 요
	やま 야마 산		ゆき 유끼 눈		よる 요루 밤

ら행	ら 라	り 리	る 루	れ 레	ろ 로
	らいねん 라이넹 내년	りんご 링고 사과	るす 루스 부재중	れんらく 렌라꾸 연락	ろく 로꾸 6, 여섯

わ행	わ 와				を 오
	わたし 와따시 나, 저				~を 오 ~을(를)

ん	ん 응				
	うん 응 응(승낙, 긍정)				

2. 가타카나 カタカナ

가타카나는 한자 획의 일부를 취해서 만들어진 문자로, 표기되는 문자 모양은 달라도 발음은 히라가나와 같습니다. 주로 외래어나 외국의 인명, 지명, 의성어, 의태어, 동식물명 등을 표기할 때와 강조하고 싶은 말에 쓰이는데, 요즘은 가타카나의 사용 비중이 계속 커지고 있는 추세입니다.

	ア단	イ단	ウ단	エ단	オ단
ア행	ア 아	イ 이	ウ 우	エ 에	オ 오
	アジア 아지아 아시아	イギリス 이기리스 영국	ウェブ 웨부 웹	エアコン 에아콘 에어컨	オレンジ 오렌지 오렌지
カ행	カ 카	キ 키	ク 쿠	ケ 케	コ 코
	カード 카-도 카드	キャラクター 캬라쿠타- 캐릭터	クリーム 쿠리-무 크림	ケーキ 케-키 케이크	コート 코-토 코트
サ행	サ 사	シ 시	ス 스	セ 세	ソ 소
	サークル 사-쿠루 서클, 동호회	シングル 싱구루 싱글	スクリーン 스쿠리-ㄴ 스크린	セット 셋토 세트	ソウル 소우루 서울

タ행	タ 타	チ 치	ツ 츠	テ 테	ト 토
	タイトル 타이토루 타이틀, 제목	チーズ 치-즈 치즈	ツアー 츠아- 투어	テレビ 테레비 텔레비전	トイレ 토이레 화장실
ナ행	ナ 나	ニ 니	ヌ 누	ネ 네	ノ 노
	ナンバー 남바- 넘버, 번호	ニュース 뉴-스 뉴스	ヌードル 누-도루 누들	ネット 넷토 네트, 그물	ノート 노-토 노트
ハ행	ハ 하	ヒ 히	フ 후	ヘ 헤	ホ 호
	ハイキング 하이킹구 하이킹	ヒーロー 히-로- 히어로, 영웅	フリー 후리- 프리, 자유	ヘア 헤아 헤어, 머리털	ホテル 호테루 호텔
マ행	マ 마	ミ 미	ム 무	メ 메	モ 모
	マスク 마스쿠 마스크	ミキサー 미키사- 믹서	ムード 무-도 무드, 분위기	メモリー 메모리- 메모리	モニター 모니타- 모니터

* 현재는 ヲ 오를 거의 사용하지 않습니다.
(옛날 전보문이나 공식 문서에 쓰였으나 현재는 형식상 남아 있습니다.)

차례

일본어 문자 4

Chapter 1 이 정돈 기본이에요!

Unit 1 인사
처음 만났을 때	24
때에 따른 인사	26
오랜만에 만났을 때	27
안부를 묻는 인사	30
안부 인사에 대한 대답	31
헤어질 때 인사	32
환영할 때	35
사람 부르기	36
말을 걸 때	37

Unit 2 소개
상대의 정보 묻기	39
자기소개하기	41

Unit 3 감사
감사하다	44
감사 인사에 응답할 때	49

Unit 4 사과
사과하다	50
사과 인사에 응답할 때	52
잘못 & 실수했을 때	53

Unit 5 전화
전화를 걸 때	56
전화를 걸 때 - 회사에서	58
전화를 받을 때	59
전화를 받을 때 - 회사에서	62

전화를 바꿔 줄 때	63
다시 전화한다고 할 때	65
전화를 받을 수 없을 때	67
통화 상태가 안 좋을 때	69
전화 메시지 관련	71
잘못 걸려 온 전화	72
전화를 끊을 때	73
전화 기타	74

Chapter 2 무슨 말을 꺼낼까?

Unit 1 하루 생활

일어나기	80
기상하기	82
세면	84
샤워	86
목욕	87
식사 – 일반	89
아침 식사	90
점심 식사	91
저녁 식사 & 기타	92
옷 입기	93
TV 시청	95
잠자리 들기	97
잠버릇	100
숙면	102
꿈	104

Unit 2 집

화장실 사용	105
화장실 에티켓	107
소변 & 대변	108

	거실	109
	부엌용품	111
	냉장고	112
	전자레인지 & 가스레인지	113
	요리 준비	114
	요리하기	115
	식사 예절	117
	설거지	119
	위생	120
	청소	121
	걸레질	123
	분리수거	124
	세탁	125
	다림질	127
	집 꾸미기	128
Unit 3	**운전 & 교통**	
	운전	129
	주차	132
	교통 체증	133
	교통위반	134

Chapter 3 　나랑 친구할래요?

Unit 1	**날씨 & 계절**	
	날씨 묻기	140
	일기예보	141
	맑은 날	143
	흐린 날	145
	비 오는 날	146
	천둥 & 번개	149
	봄 날씨	150

	황사	152
	여름 날씨	153
	태풍	156
	장마	157
	가뭄	158
	홍수	159
	가을 날씨	160
	단풍	162
	겨울 날씨	163
	눈	165
Unit 2	**명절 & 기념일**	
	설날	166
	새해 결심	167
	크리스마스	168
	생일	170
	축하	171
Unit 3	**음주**	
	주량	174
	과음	176
	술버릇	177
	술에 취함	178
	술에 대한 충고	180
	술에 대한 기호	181
	금주	182
	술 관련 기타	183
Unit 4	**흡연**	
	흡연	186
	담배	188
	금연	190

Unit 5	취미	
	취미 묻기	192
	취미 대답하기	193
	사진	194
	스포츠	195
	구기 스포츠	199
	음악 감상	202
	악기 연주	203
	영화 감상	204
	극장 가기	206
	독서	207
Unit 6	반려동물	
	반려동물	210
	개	211
	고양이	215
	반려동물 – 기타	216
Unit 7	식물 가꾸기	
	식물	217

Chapter 4 여행 가서도 척척!

Unit 1	출발 전	
	항공권 예약	224
	예약 확인 및 변경	226
	여권	227
	비자	228
Unit 2	공항	
	공항 이용	230
	티켓팅	231
	보딩	232
	세관	233

	면세점 이용	234
	출국 심사	235
	입국 심사	236
	짐을 찾을 때	239
	마중	240
Unit 3	**기내**	
	기내에서	241
	기내식	243
Unit 4	**숙박**	
	숙박 시설 예약	245
	체크인	248
	체크아웃	250
	숙박 시설 이용	251
	숙박 시설 트러블	253
Unit 5	**관광**	
	관광안내소	254
	투어를 이용할 때	255
	입장권을 살 때	257
	관람	258
	길 묻기	259
Unit 6	**교통**	
	기차	261
	지하철	262
	버스	263
	택시	265
	선박	267

Chapter 5 긴급상황도 OK!

Unit 1	**응급상황**	
	응급상황	272

	구급차	273
Unit 2	**길을 잃음**	
	길을 잃음	274
	미아	275
Unit 3	**사건 & 사고**	
	분실사고	276
	분실신고 & 분실물 센터	277
	도난	278
	소매치기	280
	사기	281
	경찰 신고	283
	교통사고	284
	화재	286
	지진	289
	안전사고	291

Chapter 6 너희들 덕에 편하구나!

Unit 1	**컴퓨터**	
	컴퓨터	298
	컴퓨터 모니터	300
	컴퓨터 사양	301
	컴퓨터 키보드 & 마우스	302
	컴퓨터 프린터	303
	복사기	304
	문서 작업	305
	파일 저장 & 관리	307
Unit 2	**인터넷**	
	인터넷	309
	이메일	311
	메신저	313

		소셜 네트워크	314
		블로그	315
	Unit 3	**휴대전화**	
		휴대전화	316
		휴대전화 문제	317
		휴대전화 기능	319
		벨 소리	321

Chapter 7		**어디에서든 문제없어!**	
	Unit 1	**음식점**	
		음식점 추천	326
		식당 예약	327
		식당 안내	328
		메뉴 보기	330
		주문	332
		주문 결정	334
		주문 – 메인 요리	335
		주문 – 요청 사항	336
		주문 – 음료 및 디저트	338
		웨이터와 대화	339
		서비스 불만	340
		음식 맛 평가	342
		계산	343
		커피숍에서	347
		패스트푸드	348
		배달	350
	Unit 2	**쇼핑**	
		쇼핑	351
		옷 가게	353
		옷 – 사이즈	355

	옷 – 컬러 & 디자인	356
	옷 – 기타	357
	대형 마트 – 슈퍼마켓	358
	할인 행사 – 일정	360
	특정 할인 기간	361
	할인 내역	362
	할인 행사 기타	363
	할부 구매	364
	배송	365
	교환 & 환불	366
	반품	367
Unit 3	**병원 & 약국**	
	병원 예약	368
	병원 수속	369
	진찰실	370
	외과	372
	내과 – 감기	374
	내과 – 열	375
	내과 – 소화기	377
	치과 상담	379
	치과 – 발치 & 사랑니	381
	치과 – 충치	382
	치과 – 기타	383
	피부과 & 안과	384
	입원	385
	입원 & 퇴원	386
	중환자 & 수술	387
	병원비 & 보험	388
	문병	389
	처방전	391

	약국 – 복용 방법	392
	약국 – 약 구입	393
Unit 4	**은행 & 우체국**	
	은행 – 계좌	394
	입출금	395
	송금	396
	ATM	397
	신용카드	399
	환전	400
	환율	401
	대출	402
	대출 보증	404
	편지 발송	405
	소포 발송	407
Unit 5	**미용실**	
	미용실 상담	408
	커트	409
	파마	411
	염색	412
	미용실 기타	413
	네일	414
Unit 6	**세탁소**	
	세탁물 맡기기	415
	세탁물 찾기	416
	얼룩 제거	417
Unit 7	**렌터카 & 주유소**	
	렌터카 이용	418
	주유소	421
	세차 & 정비	423

Chapter 1

이 정돈 기본이에요!

처음 만나면 하는 인사는 "콘니찌와!"
헤어질 땐 "사요나라~."
아는 말이 이 인사말뿐인가요?
틀에 박힌 일본어 인사가 고작이었다면, 여기를 보세요!
기본 중에서도 기본인 표현들,
인사를 포함해 첫 만남, 소개, 전화 대화와
여러 응대 표현이 있습니다.

Unit 1 인사

Unit 2 소개

Unit 3 감사

Unit 4 사과

Unit 5 전화

Words

○ **挨拶** あいさつ 아이사쯔
   명 인사

○ **紹介** しょうかい 쇼-까이
   명 소개

○ **男** おとこ 오또꼬
   명 남자, 사나이

○ **女** おんな 온나
   명 여자

○ **名前** なまえ 나마에
   = **姓名** せいめい 세-메-
   = **氏名** しめい 시메-
   명 이름, 성명

○ **国籍** こくせき 콕세끼
   명 국적

○ **国家** こっか 콕까
   명 국가, 나라

○ **言語** げんご 겐고
   명 언어

○ **電話番号** でんわばんごう 뎅와방고-
　명 전화번호

○ **職業** しょくぎょう 쇼꾸교-
　명 직업

○ **友達** ともだち 토모다찌
　명 친구

○ **感謝** かんしゃ 칸샤
　명 감사

○ **親切** しんせつ 신세쯔
　명 친절

○ **ごめん** 고멩
　미안

○ **すまない** 스마나이
　미안하다

○ **許** ゆるし 유루시
　명 용서; 허가

○ **謝罪** しゃざい 샤자이
　명 사과, 사죄

 **Unit 1 인사**   MP3. C1_U1

처음 만났을 때

○ 처음 뵙겠습니다.
→ 初めまして。
はじ
하지메마시떼

○ 잘 부탁합니다.
→ どうぞよろしくお願いします。
ねが
도-조 요로시꾸 오네가이시마스

どうぞ 부디/ よろしく 잘 부탁합니다/ お願いします 부탁합니다

○ 잘 부탁해.
→ どうぞよろしく。
도-조 요로시꾸

○ 저야말로 잘 부탁합니다.
→ こちらこそよろしくお願いします。
ねが
코찌라꼬소 요로시꾸 오네가이시마스

○ 나야말로 잘 부탁해.
→ こちらこそ。
코찌라꼬소

→ こちらこそよろしく。
코찌라꼬소 요로시꾸

24

○ 만나서 반갑습니다. → お目にかかれてとても嬉しいです。

오메니 카까레떼 토떼모 우레시-데스

→ お会いできて嬉しいです。

오아이데끼떼 우레시-데스

お目にかかれる 만나 뵙다/ とても 대단히/
嬉しい 기쁘다

○ 만나 뵙게 되어 영광입니다. → お目にかかれて光栄です。

오메니 카까레떼 코-에-데스

光栄 영광

○ 말씀 많이 들었습니다. → おうわさはかねがね伺っております。

오우와사와 카네가네 우까갓떼 오리마시따

→ お話はよく伺っております。

오하나시와 요꾸 우까갓떼 오리마스

伺う '묻다, 듣다'의 겸양어
(*겸양어 : 자기를 낮춤으로써 상대를 높이는 말)

○ 마츠모토에게 말씀은 들었습니다. → 松本の方から聞いてました。

마쯔모또노 호-까라 키이떼마시따

○ 명함을 주시겠어요? → お名刺をいただけますか。

오메-시오 이따다께마스까

名刺 명함

○ 제 명함을 드릴까요? → 私の名刺を受け取っていただけますでしょうか。

와따시노 메-시오 우께똣떼 이따다께마스데쇼-까
受け取る 받다/ いただける '받을 수 있다'의 겸양어

때에 따른 인사

○ 안녕하세요. → おはよう。

오하요-

↘ 아침 인사로, '안녕히 주무셨어요'라는 의미로도 써요.

→ おはようございます。

오하요- 고자이마스

○ 안녕하세요. → こんにちは。

콘니찌와

↘ 점심-오후 인사

○ 안녕하세요. → こんばんは。

콤방와

↘ 저녁 인사

○ 잘 자. → おやすみ。

오야스미

○ 잘 자요. ➜ **おやすみなさい。**
오야스미나사이

↳ 밤에 헤어질 때나 '쉬세요'라는 의미로도 써요.

○ 잘 잤어? ➜ **よく眠れた?**
요꾸 네무레따?

よく 잘/ **眠る** 자다, 잠들다

오랜만에 만났을 때

○ 오랜만입니다. ➜ **お久しぶりです。**
오히사시부리데스

➜ **しばらくです。**
시바라꾸데스

久しぶり 오래간만/ **しばらく** 오래간만, 잠시

○ 오랜만이네. ➜ **久しぶりだね。**
히사시부리다네

○ 몇 년 만입니까? ➜ **何年ぶりですか。**
난넴부리데스까

ぶり (시간의 경과를 나타내는 말에 붙어) ~만에

○ 오랫동안 뵙지 못했습니다. → 長いこと、お目にかかれませんでした。
나가이 코또 오메니 카까레마센데시따

長い 길다, 오래다

○ 오랫동안 소식을 드리지 못했습니다. → ご無沙汰しておりました。
고부사따시떼 오리마시따

↳ 대화에서 쓰는 말

→ ご無沙汰しています。
고부사따시떼 이마스

↳ 편지에서 쓰는 말

無沙汰 소식을 전하지 않음

○ 시간 참 빠르네요. → 時間は早いものですね。
지깡와 하야이 모노데스네

時間 시간/ 早い (시간이) 빠르다, 이르다

○ 뵙고 싶었어요. → お会いしたかったです。
오아이시따깟따데스

○ 어떻게 지내셨어요? → どうしていましたか。
도-시떼이마시따까

○ 어떻게 지냈니? → どうしていた(の)?
도-시떼이따(노)?

○ 하나도 안 변했어요. → 少しも変わらないですね。

스꼬시모 카와라나이데스네

少し 조금, 약간 / 変わる 변(화)하다, 바뀌다

○ 전혀 안 변했구나. → 相変わらずだね。

아이까와라즈다네

相変わらずだ 여전하다, 변함없다

○ 아니, 이게 누구야! → いやー、これはこれは!

이야-, 코레와꼬레와!

○ 이렇게 여기에서 당신을 만나다니 뜻밖이에요. → こんなところで会うとは思いませんでした。

콘나 토꼬로데 아우또와 오모이마센데시따

こんな 이와 같은 / ところ 곳, 장소 / 思う 생각하다

안부를 묻는 인사

○ 건강하세요? → お元気ですか。
오겡끼데스까

元気 건강한 모양

○ 지난 주말 어땠어요? → 先週の週末いかがでしたか。
센슈-노 슈-마쯔 이까가데시따까

先週 지난주 / 週末 주말

○ 가족 분들은 모두 잘 지내십니까? → ご家族の皆さんはお元気ですか。
고까조꾸노 미나상와 오겡끼데스까

家族 가족 / 皆さん 여러분, 모두

○ 자제분은 잘 있습니까? → お子さんはお元気ですか。
오꼬상와 오겡끼데스까

子 자식

○ 어떻게 지내세요? → いかがお過ごしですか。
이까가 오스고시데스까

過ごす 지내다, 보내다

○ 별일 없어요? → お変わりないですか。
오까와리나이데스까

○ 무슨 좋은 일이라도 있으세요? → 何かいいことでもあるんですか。
나니까 이- 코또데모 아룬데스까

안부 인사에 대한 대답

○ 모두 건강합니다. → みんな元気です。
민나 겡끼데스

みんな 모두

○ 그럭저럭 지냅니다. → まあまあです。
마-마-데스

まあまあ 그저 그런 정도

○ 늘 마찬가지죠. → いつも同じですね。
이쯔모 오나지데스네

いつも 언제나 / 同じだ 같다

○ 별일 없어. → いや、別に。
이야, 베쯔니

別に 별로

○ 무슨 별다른 일이라도? → 何か変わったことは？
나니까 카왓따 코또와?

헤어질 때 인사

○ 안녕히 가세요. →　さようなら。
사요-나라

↳ さよなら라고 쓰기도 합니다.

○ 그럼, 내일 봐요. →　では、また明日。
데와, 마따 아시따

→　じゃ、明日会いましょう。
쟈, 아시따 아이마쇼-

では 그럼(=じゃ)/ また 다음/ 明日 내일

○ 그럼, 다음 주에 봐요. →　じゃ、また来週。
쟈, 마따 라이슈-

→　じゃ、来週会いましょう。
쟈, 라이슈- 아이마쇼-

来週 다음 주

○ 그럼, 나중에 봐. →　じゃ、あとでね。
쟈, 아또데네

○ 그럼, 또 봐.　　➧じゃ、またね。
　　　　　　　　　쟈, 마따네

○ 조심하세요.　　➧気をつけてください。
　　　　　　　　　키오 츠께떼 쿠다사이

　　　　　　　　　　　　　　気をつけて 조심하세요

○ 다녀올게요.　　➧行ってきます。
　　　　　　　　　잇떼 키마스

　　　　　　　　➧行って参ります。
　　　　　　　　　잇떼 마이리마스

　　　　　　　　↘ 정중한 표현으로 주로 회사에서 외근 나갈 때 하는 말

○ 잘 다녀오세요.　➧行ってらっしゃい。
　　　　　　　　　잇떼랏샤이

　　　　　　　　↘ 외출에서 돌아오면 'ただいま。다녀왔습니다.'라고 합니다.

○ 전 지금 가야겠어요. ➧もう行かないといけません。
　　　　　　　　　　　모- 이까나이또 이께마셍

　　　　　　　　　　　　　　　もう 이제, 벌써

Chapter 1.　33

○ 가끔 연락하고 지내자.
→ たまに連絡してね。
타마니 렌라꾸시떼네

→ また連絡するね。
마따 렌라꾸스루네

たまに 가끔 / 連絡 연락

○ 당신 가족에게 안부를 전해 주세요.
→ ご家族によろしく。
고까조꾸니 요로시꾸

→ ご家族によろしく伝えてください。
고까조꾸니 요로시꾸 츠따에떼 쿠다사이

伝える 전하다, 알리다

환영할 때

○ 어서 오세요.　　→ **いらっしゃい。**
　　　　　　　　　　이랏샤이

　　　　　　　　　→ **いらっしゃいませ。**
　　　　　　　　　　이랏샤이마세

　　　　　　　　　→ **お帰りなさい。**
　　　　　　　　　　오까에리나사이

いらっしゃる '오다', '가다'의 높임말/
帰る 돌아가다, 돌아오다

○ 일본에 오신 것을　→ **ようこそ日本へ。**
　환영합니다.　　　　요-꼬소 니홍에

ようこそ 정말(환영의 뜻을 나타내는 말)

○ 저희 집에 오신 것을　→ **私の家にようこそ。**
　환영합니다.　　　　　와따시노 이에니 요-꼬소

↘ 私の家는 わがや라고 읽기도 합니다.

家 집

○ 이곳이 마음에 들기 바랍니다.
→ こちらを気に入ってもらえると嬉しいです。

코찌라오 키니 잇떼 모라에루또 우레시-데스

→ ここを気に入ってもらえると嬉しいです。

코꼬오 키니 잇떼 모라에루또 우레시-데스

気に入る 마음에 들다

○ 함께 일하게 되어 반갑습니다.
→ 一緒に働くようになって嬉しいです。

잇쇼니 하따라꾸요-니 낫떼 우레시-데스

一緒に 함께/ 働く 일하다, 노동하다

사람 부르기

○ 실례합니다.
→ すみません。

스미마셍

↳ すいません으로 발음하기도 합니다.

○ 여보세요.
→ もしもし。

모시모시

○ 어이.
→ おい。

오이

- 저... → **あのう。**
  아노-

  → **ねえ。**
  네-

  → **あのさあ。**
  아노사-

- 실은. → **実(じつ)は。**
  지쯔와

- 저, 말이야. → **あのね。**
  아노네

  → **ねえ、ねえ。**
  네-, 네-

말을 걸 때

- 할 말이 있는데. → **話(はなし)があるんだけど。**
  하나시가 아룬다께도

話 이야기, 말

○ 이야기하고 싶은 게 있는데요.	→ 話したいことがあるんですが。 하나시따이 코또가 아룬데스가	

○ 들어줬으면 하는 게 있는데.
→ 聞いてもらいたいことがあるんだけど。
키-떼 모라이따이 코또가 아룬다께도

聞く 듣다

○ 의논했으면 하는 게 있어.
→ 相談したいことがあるの。
소-단시따이 코또가 아루노

相談 상담, 사의

○ 지금, 이야기해도 될까?
→ 今、話してもいい？
이마, 하나시떼모 이-?

○ 지금, 시간 있어?
→ 今、時間ある？
이마, 지깡 아루?

○ 지금, 잠깐 괜찮아?
→ 今、ちょっといい？
이마, 촛또 이-?

Unit 2 소개

MP3. C1_U2

상대의 정보 묻기

○ 실례지만, 성함이 어떻게 되세요?
→ 失礼ですが、お名前は何とおっしゃいますか。
시쯔레-데스가, 오나마에와 난또 옷샤이마스까

失礼 실례/ 名前 이름/
おっしゃる '말하다'의 높임말

○ 성함이 어떻게 되세요?
→ お名前は何ですか。
오나마에와 난데스까

○ 성함을 어떻게 읽습니까?
→ お名前は何と読みますか。
오나마에와 난또 요미마스까

読む 읽다

○ 성함의 한자는 어떻게 읽습니까?
→ お名前の漢字はどう読みますか。
오나마에노 칸지와 도- 요미마스까

漢字 한자

○ 이름 가르쳐 줘.
→ 名前教えて。
나마에 오시에떼

教える 가르치다

Chapter 1. 39

- 성함이 뭐였지요? → お名前は何でしたか。
  오나마에와 난데시따까

- 별명이 무엇입니까? → ニックネームは何ですか。
  닉쿠네-무와 난데스까

  ニックネーム 닉네임, 별명

- 성함만 알고 있었습니다. → お名前だけ分かっていました。
  오나마에다께 와깟데 이마시따

  分かる 알다, 이해하다

- 명함을 주시겠습니까? → お名刺をいただけますか。
  오메-시오 이따다께마스까

- 직업이 뭐예요? → お仕事は何ですか。
  오시고또와 난데스까

  仕事 일

- 국적이 무엇입니까? → 国籍は何ですか。
  콕세끼와 난데스까

  国籍 국적

- 어디 태생인가요? → どちらのお生まれですか。
  도찌라노 오우마레데스까

  生まれ 출생, 출생지

○ 학교는 어디 다닙니까? → 学校はどちらですか。
がっこう
각꼬-와 도찌라데스까

○ 가족은 몇 분입니까? → ご家族は何人ですか。
かぞく　なんにん
고까조꾸와 난닌데스까

자기소개하기

○ 제 소개를 하겠습니다. → 自己紹介させてください。
じこ　しょうかい
지꼬 쇼-까이사세떼 쿠다사이

自己 자기 / 紹介 소개

○ 김 씨에게 소개받은 이진우입니다. → 金さんにご紹介いただきましたイジンウです。
きん　　　しょうかい
킨산니 고쇼-까이 이따다끼마시따 이징우데스

○ 처음 뵙겠습니다, 스즈키 류이치라고 합니다. → 初めまして、鈴木龍一と申します。
はじ　　　すずき　りゅういち　もう
하지메마시떼, 스즈끼류-이찌또 모-시마스

申す '말하다'의 높임말

○ 스즈키 류이치입니다. → 鈴木龍一です。
すずき　りゅういち
스즈끼류-이찌데스

Chapter 1.　41

○ 치아키라고 불러 주세요.
→ 私を千秋と呼んでください。
와따시오 치아끼또 욘데 쿠다사이

呼ぶ 부르다

○ 저는 한국에서 왔습니다.
→ 私は韓国から来ました。
와따시와 캉꼬꾸까라 키마시따

→ 私は韓国人です。
와따시와 캉꼬꾸진데스

来る 오다

○ 저는 타나카 회사의 후지모토입니다.
→ 私は田中会社の藤本です。
와따시와 타나까 카이샤노 후지모또데스

会社 회사

○ 저는 은행에서 근무합니다.
→ 私は銀行に勤めています。
와따시와 깅꼬-니 츠또메떼 이마스

銀行 은행 / 勤める 근무하다, 종사하다

○ 저는 하라주쿠의 옷가게에서 일하고 있습니다.
→ 私は原宿の服屋で働いています。
와따시와 하라쥬꾸노 후꾸야데 하따라이떼 이마스

服屋 옷가게

○ 저는 한국대학교 4학년입니다. → 私は韓国大学の4年生です。
와따시와 캉꼬꾸 다이가꾸노 요넨세-데스

大学 대학

○ 저는 미혼입니다. → 私は未婚です。
와따시와 미꼰데스

未婚 미혼

○ 저는 결혼했습니다. → 私は結婚しています。
와따시와 켁꼰시떼 이마스

結婚 결혼

 **Unit 3 감사**   MP3. C1_U3

감사하다

○ 고마워요.

→ ありがとう。
아리가또-

→ どうも。
도-모

→ サンキュー。
상큐-

↳ thank you의 발음대로 해서 '39[さんきゅう]'라고 말하기도 합니다.

どうも 정말, 참

○ 감사합니다.

→ ありがとうございます。
아리가또-고자이마스

→ 感謝します。
칸샤시마스

感謝 감사

○ 감사드립니다.

→ 感謝しております。
칸샤시떼 오리마스

○ 아주 고맙습니다. → **本当にありがとうございます。**
혼또-니 아리가또-고자이마스

本当に 참으로, 실로

○ 깊이 감사드립니다. → **深く御礼申し上げます。**
후까꾸 오레- 모-시아게마스

深く 깊다/ 御礼 사례

○ 어쨌든, 고마워요. → **何はともあれ、ありがとう。**
나니와또모아레 아리가또-

→ **とにかくありがとう。**
토니까꾸 아리가또-

とにかく 어쨌든, 하여간

○ 아주 고마워서 어떻게 감사해야 할지 모르겠습니다. → **とてもありがたくてどう言っていいか分かりません。**
토떼모 아리가따꾸떼 도- 잇떼 이-까 와까리마셍

→ **どれほど感謝してるか言いきれません。**
도레호도 칸샤시떼루까 이-끼레마셍

どれほど 어느 정도, 얼마나

Chapter 1. 45

- 뭐라 감사의 말씀을 드려야 좋을지 모르겠네요.
  → 何と御礼を申したらいいのか分からないです。
  난또 오레-오 모-시따라 이-노까 와까라나이데스

- 여러모로 신세 많이 졌습니다.
  → いろいろお世話になりました。
  이로이로 오세와니 나리마시따

  いろいろ 여러 가지 / お世話になる 신세를 지다

- 대단히 신세 많이 졌습니다.
  → たいへんお世話になりました。
  타이헹 오세와니 나리마시따

  たいへん 대단함

- 당신 덕분으로 도움이 되었습니다.
  → おかげさまで助かりました。
  오까게사마데 타스까리마시따

  おかげさまで 덕분에 / 助かる 도움이 되다

- 지난번에는 고마웠어.
  → 先日はどうも。
  센지쯔와 도-모

  先日 요전날

- 수고를 끼쳐드렸습니다.
  → ご面倒をおかけしました。
  고멘도-오 오까께시마시따

  面倒 번거로움, 성가심

- 늘 도와주셔서 감사합니다.
  → いつも助けてくれてありがとうございます。
  이쯔모 타스께떼 쿠레떼 아리가또-고자이마스

○ 도와주셔서 대단히 감사합니다.
→ 手伝ってくれてどうもありがとうございます。
테쯔닷떼 쿠레떼 도-모 아리가또-고자이마스

→ 本当に助かりました。
혼또-니 타스까리마시따

手伝う 거들다

○ 당신의 친절에 감사드립니다.
→ 親切にして下さってありがとうございます。
신세쯔니 시떼 쿠다삿떼 아리가또-고자이마스

親切 친절

○ 요시다 씨 덕분입니다.
→ 吉田さんのおかげです。
요시다산노 오까게데스

○ 알려 줘서 고마워.
→ 知らせてくれてありがとう。
시라세떼 쿠레떼 아리가또-

知らせる 알리다

○ 초대해 주셔서 고맙습니다.
→ ご招待ありがとうございます。
고쇼-따이 아리가또-고자이마스

→ お招きありがとうございます。
오마네끼 아리가또-고자이마스

招待 초대/ お招き 초대(정중한 표현)

○ 만나러 와 줘서
고마워.
→ 会いに来てくれてありがとう。
아이니 키떼 쿠레떼 아리가또-

○ 길을 가르쳐 줘서
고마워요.
→ 道を教えてくれてありがとう。
미찌오 오시에떼 쿠레떼 아리가또-

道 길

○ 선물, 무척 고마워요.
→ プレゼント、どうもありがとう。
푸레젠토, 도-모 아리가또-

プレゼント 선물

○ 배려해 주셔서
감사합니다.
→ 気をつかってくださって感謝します。
키오 츠깟떼 쿠다삿떼 칸샤시마스

○ 기다려 줘서 고마워.
→ 待ってくれてどうも。
맛떼 쿠레떼 도-모

待つ 기다리다

감사 인사에 응답할 때

○ 천만에요.
→ **どういたしまして。**
도-이따시마시떼

○ 덕분입니다.
→ **おかげさまです。**
오까게사마데스

○ 제가 오히려 고맙죠.
→ **こちらこそ、どうもありがとう。**
코찌라꼬소, 도-모 아리가또-

○ 대단한 일도 아닌데요.
→ **大^{たい}したことではありません。**
타이시따 코또데와 아리마셍

大した 대단한

○ 언제라도 부탁하세요.
→ **いつでも頼^{たの}んでください。**
이쯔데모 타논데 쿠다사이

いつでも 언제라도/ 頼む 부탁하다

○ 도움이 될 수 있어서 기뻐요.
→ **お役^{やく}に立^たてて嬉^{うれ}しいです。**
오야꾸니 타떼떼 우레시-데스

役 역할/ 立つ 서다

Chapter 1.   49

Unit 4 사과

MP3. C1_U4

사과하다

○ 미안합니다.

→ ごめんなさい。
고멘나사이

→ すみません。
스미마셍

→ 申し訳ありません。
모-시와께아리마셍

→ 申し訳ございません。
모-시와께고자이마셍

申し訳 변명, 해명

○ 미안.

→ ごめん。
고멩

○ 사과드립니다.

→ おわびいたします。
오와비이따시마스

→ おわび申し上げます。
오와비모-시아게마스

おわび 사죄

○ 그 일에 대해서 미안하게 생각하고 있습니다.
→ その事に対してすまなく思っています。
소노 코또니 타이시떼 스마나꾸 오못떼 이마스

対して ~에 대하여

○ 기다리게 해서 미안합니다.
→ お待たせしてすみませんでした。
오마따세시떼 스미마센데시따

待たせる 기다리게 하다

○ 늦어서 죄송합니다.
→ 遅くなってすみません。
오소꾸낫떼 스미마셍

遅くなる 도착이 늦어지다

○ 대단히 죄송합니다.
→ 誠に申し訳ございません。
마꼬또니 모-시와께고자이마셍

誠に 참으로, 정말로

○ 대단히 죄송했습니다.
→ どうもすみませんでした。
도-모 스미마센데시따

○ 앞으로 이런 일이 없을 겁니다.
→ これからはこんな事がないようにします。
코레까라와 콘나 코또가 나이요-니 시마스

から ~부터

○ 진심으로 사과드립니다.
→ 心からおわびいたします。
코꼬로까라 오와비이따시마스

心 마음

Chapter 1. 51

- 폐를 끼쳐 드려 죄송합니다. → ご迷惑をかけてしまい申し訳ございません。
고메-와꾸오 카께떼 시마이 모-시와께고자이마셍

迷惑 폐, 성가심

- 미안하다는 말을 하고 싶어요. → あやまりたいです。
아야마리따이데스

사과 인사에 응답할 때

- 괜찮습니다. → いいです。
이-데스

　→ 大丈夫です。
다이죠-부데스

大丈夫だ 괜찮다

- 저야말로 사과를 드려야죠. → 私の方こそごめんなさい。
와따시노 호-꼬소 고멘나사이

方 쪽, 방면

- 제가 잘못했습니다. → 私がいけませんでした。
와따시가 이께마센데시따

○ 걱정하지 마세요. ➜ 気にしないでください。
키니 시나이데 쿠다사이

➜ ご心配なく。
고심빠이나꾸

気にする 걱정하다, 신경 쓰다 / 心配 걱정, 배려

○ 당신의 사과를 ➜ あなたの謝罪を受け入れます。
받아들이겠습니다.
아나따노 샤자이오 우께이레마스

謝罪 사죄 / 受け入れる 받아들이다

잘못 & 실수했을 때

○ 내가 잘못했어. ➜ 私が悪かった。
와따시가 와루깟따

悪い 나쁘다

○ 저 때문에 ➜ 私のために申し訳ありません。
죄송합니다.
와따시노 타메니 모-시와께아리마셍

ために 때문에

○ 제가 실수했어요. ➜ 私のまちがいです。
와따시노 마찌가이데스

まちがい 실수, 과오

○ 제 탓이에요.   → 私のせいです。
  와따시노 세-데스

  せい 탓, 원인

○ 죄송해요,   → ごめんなさい、しかたなかっ
  어쩔 수 없었어요.   たんです。
  고멘나사이, 시까따나깟딴데스

○ 미안, 깜빡 잊고   → ごめん、忘れていた。
  있었어.
  고멩, 와스레떼 이따

  忘れる 잊다

○ 미안해요.   → すみません。不注意でした。
  부주의였습니다.
  스미마셍. 후쮸-이데시따

  不注意 부주의

○ 착각했습니다.   → 間違えました。すみません。
  미안합니다.
  마찌가에마시따. 스미마셍

  間違える 잘못 알다, 다른 것으로 착각하다

○ 폐를 끼쳤습니다.   → ご迷惑をおかけしました。
  고메-와꾸오 오까께시마시따

○ 귀찮게 해 드려   → ご面倒をおかけして申し訳あ
  죄송합니다.   りません。
  고멘도-오 오까께시떼 모-시와께아리마셍

○ 문제가 생기리라고는 생각하지 못했어요.
→ 問題が起きるとは思いませんでした。

몬다이가 오끼루또와 오모이마센데시따

問題が起きる 문제가 생기다

○ 만회할 기회를 주세요.
→ 取り返す機会をください。

토리까에스 키까이오 쿠다사이

取り返す 돌이키다, 만회하다 / **機会** 기회

Unit 5 전화 MP3. C1_U5

전화를 걸 때

○ 여보세요.
→ もしもし。
모시모시

→ ハロー。
하로-

○ 하야시 씨 계십니까?
→ 林さんいらっしゃいますか。
하야시상 이랏샤이마스까

○ 사토시 씨를 부탁합니다.
→ 聡さんをお願いします。
사또시상오 오네가이시마스

○ 여보세요, 타카하시 씨 댁입니까?
→ もしもし、高橋さんのお宅ですか。
모시모시, 타까하시산노 오따꾸데스까

宅 집, 자택

○ 여보세요, 카미사카 씨입니까?
→ もしもし、そちらは神坂さんでしょうか。
모시모시, 소찌라와 카미사까산데쇼-까

○ 노다라고 합니다만, 아키코 씨 계세요?
→ 野田ともうしますが、明子さんいらっしゃいますか。
노다또 모-시마스가, 아끼꼬상 이랏샤이마스까

○ 지금, 통화 괜찮으세요?
→ 今、お話できますか。
이마, 오하나시데끼마스까

○ 지금, 통화 괜찮아?
→ 今、電話いい?
이마, 뎅와 이-?

→ 今、電話大丈夫?
이마, 뎅와 다이죠-부?

電話 전화

○ 바쁘신데 전화한 건가요?
→ お忙しいのに電話を?
오이소가시-노니 뎅와오?

忙しい 바쁘다

○ 밤 늦게 죄송합니다.
→ 夜分遅く(に)すみません。
야붕 오소꾸(니) 스미마셍

→ 遅い時間に電話して申し訳ありません。
오소이 지깐니 뎅와시떼 모-시와께아리마셍

夜分 밤, 밤중 / 遅い 늦다

Chapter 1. 57

○ 아침 일찍 죄송합니다.
→ 朝早くにすみません。
아사 하야꾸니 스미마셍

朝 아침/ 早くに 이른 시기에, 빨리

○ 사토 씨 계세요? 좀 바꿔 주시겠어요?
→ 佐藤さんいらっしゃいますか。ちょっと替わってもらえますか。
사또-상 이랏샤이마스까. 촛또 카왓데 모라에마스까
ちょっと 좀, 약간/ 替わる 바꾸다

전화를 걸 때 - 회사에서

○ 여보세요. 늘, 신세를 지고 있습니다.
→ もしもし。いつも、お世話になっております。
모시모시. 이쯔모, 오세와니 낫떼 오리마스

○ 야마다 상사의 마츠모토라고 합니다만, 신이치 씨, 계십니까?
→ 山田商社の松本と申しますが、信一さん、いらっしゃいますか。
야마다쇼-샤노 마쯔모또또 모-시마스가, 싱이찌상, 이랏샤이마스까

○ 늘 신세를 지고 있습니다. 신이치 말입니까?
→ お世話になっております。信一でございますか。
오세와니 낫떼 오리마스. 싱이찌데고자이마스까

58

○ 제 주문에 관해
　요스케 씨와
　통화하려고 합니다만.
→ 私の注文について洋介さんと
　お話したいのですが。

와따시노 츄-몬니 츠이떼 요-스께산또
오하나시시따이노데스가

注文 주문

○ 인사부 아무나
　바꿔 주시겠습니까?
→ 人事部の誰かにつないでくだ
　さいませんか。

진지부노 다레까니 츠나이데 쿠다사이마셍까

人事部 인사부/ 誰 누구/ つなぐ 연결하다

전화를 받을 때

○ 누구신가요?
→ どなたですか。

도나따데스까

どなた 어느 분

○ 무슨 일이세요?
→ 何でございましょうか。

난데고자이마쇼-까

→ どうしましたか。

도-시마시따까

Chapter 1. 59

○ 무슨 일 때문이죠? → どういうことでございますか。
도-이우 코또데 고자이마스까

○ 용건이 무엇입니까? → ご用件は何ですか。
고요-껭와 난데스까

用件 용건

○ 무슨 용건이세요? → 何のご用件ですか。
난노 고요-껜데스까

○ 어떤 분이십니까? → どちら様ですか。
도찌라사마데스까

様 존경, 공손을 나타내는 접미어

○ 어느 분을 찾으십니까? → どういう方をお捜してますか。
도-이우 카따오 오사가시떼마스까

捜す 찾다

○ 접니다만. → 私ですが。
와따시데스가

○ 네, 전화 바꿨습니다. → はい、お電話替わりました。
하이, 오뎅와 카와리마시따

○ 여보세요,
　전화 바꿨습니다.
　카네다입니다.
→ もしもし、お電話替わりました。金田です。
　모시모시, 오뎅와 카와리마시따. 카네다데스

○ 기다리게 해서
　죄송합니다.
→ お待たせ致しました。
　오마따세이따시마시따

○ 죄송하지만,
　전화가 좀 먼데요,
　좀 더 크게
　말해 줄래요?
→ すみませんが、電話が遠いので、もうちょっと大きな声で話してもらえますか。
　스미마셍가, 뎅와가 토-이노데, 모- 춋또 오-끼나 코에데 하나시떼 모라에마스까

遠い 멀다, (거리가) 많이 떨어지다/
大きい 크다/ 声 소리, 목소리

○ 좀 더 크게
　말해 주세요.
→ もうちょっと大きな声で言ってください。
　모- 춋또 오-끼나 코에데 잇떼 쿠다사이

○ 좀 작게 말해 주세요.
→ もうちょっと声をおとしてください。
　모- 춋또 코에오 오또시떼 쿠다사이

○ 여보세요, 들려요?
→ もしもし、聞こえてますか。
　모시모시, 키꼬에떼마스까

聞こえる 들리다

○ 좀 천천히 　→ もう少しゆっくりおっしゃって
　말씀해 주세요. 　　ください。

　　　　　　　　　모- 스꼬시 육꾸리 옷샷떼 쿠다사이

　　　　　　　　　　　　　　ゆっくり 천천히, 넉넉히

○ 다시 한번 　　→ もう一度おっしゃってください。
　말씀해 주세요.
　　　　　　　　　모- 이찌도 옷샷떼 쿠다사이

　　　　　　　　一度 한 번, 한번(시험 삼아 시도하는 모양)

전화를 받을 때 - 회사에서

○ 감사합니다, 　　→ ありがとうございます、山田で
　야마다 회사입니다. 　ございます。

　　　　　　　　　아리가또-고자이마스, 야마다데고자이마스

　　↳ 보통 회사에서 걸려 온 전화를 받을 때

○ 안녕하세요. 　　→ もしもし。
　야마다 회사 영업부의 　山田会社の営業部の山下です。
　야마시타입니다.
　　　　　　　　　모시모시. 야마다가이샤노 에-교-부노 야마시따데스

　　↳ 소속부서와 이름까지 밝히는 경우

　　　　　　　　　　　　　　営業部 영업부

○ 닛산 센터로
전화 주셔서
감사합니다.
무엇을
도와드릴까요?

→ 日産センターにお電話いただいてありがとうございます。どのようなご用件でしょうか。

닛산 센타-니 오뎅와 이따다이떼 아리가또-고자이마스.
도노요-나 고요-껜데쇼-까

センター 센터/ いただく '받다'의 공손한 말

○ 안녕하세요.
야마시타 씨의
전화입니다만.

→ もしもし。
山下さんの電話ですが。

모시모시. 야마시따산노 뎅와데스가

↘ 다른 사람의 전화를 대신 받을 때

전화를 바꿔 줄 때

○ 잠시만.

→ ちょっと待って。

춋또 맛떼

○ 잠시만 기다리세요.

→ 少々お待ちください。

쇼-쇼- 오마찌꾸다사이

少々 조금, 잠시

○ 누구를
바꿔 드릴까요?
→ 誰に替わりましょうか。
다레니 카와리마쇼-까

○ 연결해
드리겠습니다.
→ おつなぎ致します。
오쯔나기이따시마스

○ 네 전화야.
→ あなたの電話なの。
아나따노 뎅와나노

↘ 전화기를 건네며

○ 담당자를
바꿔 드리겠습니다.
→ 担当者に替わりますので。
탄또-샤니 카와리마스노데

担当者 담당자

○ 과장님, 전화 왔어요.
→ 課長、お電話です。
카쬬-, 오뎅와데스

↘ '과장님'을 일본어로 課長様라고 하지 않는답니다.

課長 과장

○ 유코 씨를 곧
바꿔 드릴게요.
→ ただいま裕子さんと替わります。
다다이마 유-꼬산또 카와리마스

ただいま 지금, 방금

○ 잠시만 기다려 주세요.
전화를 마케팅부로 돌려 드리겠습니다.
→ 少々お待ちください。
電話をマーケティング部につなぎます。

쇼-쇼- 오마찌꾸다사이. 뎅와오 마-케팅구부니 츠나기마스

マーケティング 마케팅

○ 잠시 기다려 주세요.
지금 바꿀테니까요.
→ ちょっと待ってくださいね。
今替わりますから。

춋또 맛떼 쿠다사이네. 이마 카와리마스까라

○ 후쿠다 씨의 내선번호는 427번입니다.
→ 福田さんの内線番号は427番[回]です。

후꾸다산노 나이센방고-와 용니나나반[까이]데스

内線番号 내선번호

다시 전화한다고 할 때

○ 나중에 다시 전화할게요.
→ 後でもう一度かけ直します。

아또데 모- 이찌도 카께나오시마스

後で 나중에 / かけ直す 다시 걸다

○ 다시 걸게요.
→ またかけます。

마따 카께마스

Chapter 1. 65

○ 내가 나중에
전화할게.
→ 私が後で電話する。
와따시가 아또데 뎅와스루

○ 나중에
전화 드리겠습니다.
→ 後でお電話を差し上げます。
아또데 오뎅와오 사시아게마스

差し上げる ~해 드리다

○ 제가 잠시 후에 다시
전화하겠습니다.
→ 私がしばらく後にまた電話します。
와따시가 시바라꾸 아또니 마따 뎅와시마스

→ のちほど折り返しお電話さし上げます。
노찌호도 오리까에시 오뎅와사시아게마스

のちほど 나중에/
折り返す (대답, 답장을) 지체없이 하다 / 後 후

○ 죄송하지만,
10분 후에
다시 전화해
주시겠습니까?
→ すみませんが、十分後におかけ直しいただけますか。
스미마셍가. 쥬뿐고니 오까께나오시이따다께마스까

전화를 받을 수 없을 때

○ 통화 중입니다. → 話中です。
하나시쮸-데스

中 도중(지금 그 상태에 있음)

○ 그는 지금 없는데요. → 彼は今いません。
카레와 이마 이마셍

○ 죄송합니다만, 그는 방금 나가셨어요. → すみませんが、彼はただいま出ています。
스미마셍가, 카레와 타다이마 데떼 이마스

出る 나가다

○ 지금, 자리를 비우시고 안 계십니다만. → ただいま、席をはずしておりますが。
타다이마, 세끼오 하즈시떼 오리마스가

席 자리 / はずす (자리를) 뜨다, 비우다

○ 지금, 외출하셨습니다만. → ただいま、出かけておりますが。
타다이마, 데까께떼 오리마스가

出かける 외출하다

○ 지금, 해외출장 중입니다. → 今、海外出張中でございます。
이마, 카이가이 슛쬬-쮸-데고자이마스

海外 해외 / 出張 출장

○ 지금, 휴가 중입니다. ➡ 今、休暇中です。

이마, 큐-까쮸-데스

休暇 휴가

○ 점심 식사 나가셨습니다. ➡ 昼食に出ています。

츄-쇼꾸니 데떼 이마스

昼食 점심

○ 이미 퇴근하셨습니다. ➡ すでに退勤いたしました。

스데니 타이낑이따시마시따

すでに 이미, 벌써/ 退勤 퇴근

○ 다른 전화를 받고 있습니다. ➡ 他の電話をとっております。

호까노 뎅와오 톳떼 오리마스

他 다른 것

○ 지금 통화 중입니다만. ➡ ただいま電話中ですが。

타다이마 뎅와쮸-데스가

○ 죄송하지만, 좀 있다 다시 전화 주시겠습니까? ➡ 申し訳ありませんが、少ししてから、おかけ直しいただけますか。

모-시와께아리마셍가, 스꼬시시떼까라, 오까께나오시이따다께마스까

○ 오래 통화할 수 없어요. → 長電話はできません。
나가뎅와와 데끼마셍

長電話 긴 시간 동안 전화하는 것

○ 전화 오면 나 없다고 해 줘요. → 電話が来たら私はいないと言ってください。
뎅와가 키따라 와따시와 이나이또 잇떼 쿠다사이

통화 상태가 안 좋을 때

○ 전화가 끊기는 것 같은데요. → 電話が切れてしまいますね。
뎅와가 키레떼 시마이마스네

切れる 끊어지다

○ 잘 안 들려요. → よく聞こえないです。
요꾸 키꼬에나이데스

○ 전화가 먼데요. → 電話が遠いです。
뎅와가 토-이데스

↘ 전화 감이 멀어 잘 안 들릴 때

遠い 멀다

○ 전화가 감이 멀어 잘 들리지 않습니다. → 電話が遠くて聞こえません。
뎅와가 토-꾸떼 키꼬에마셍

- 이야기 중에 전화가 끊어졌습니다. → 話中に電話が切れました。
  하나시쮸-니 뎅와가 키레마시따

- 전화가 혼선된 것 같습니다. → 電話が混線しているようです。
  뎅와가 콘센시떼 이루요-데스

  混線 혼선(전화에서 다른 통화가 섞임)

- 전화가 불통이 되었습니다. → 電話が不通になりました。
  뎅와가 후쯔-니 나리마시따

  不通 불통

전화 메시지 관련

○ 타카하시가
전화했었다고
전해 주세요.

→ 高橋が電話したと伝えてください。

타까하시가 뎅와시따또 츠따에떼 쿠다사이

○ 전화하라고
전해 주세요.

→ 電話して欲しいと伝えてください。

뎅와시떼 호시-또 츠따에떼 쿠다사이

欲しい (~하기) 바라다

○ 1234-5678로
전화하라고
전해 주세요.

→ 1234-5678に電話して欲しいと伝えてください。

이찌니상용노 고로꾸나나하찌니 뎅와시떼 호시-또 츠따에떼 쿠다사이

○ 제가 전화했었다고,
그에게 전해 주세요.

→ 私から電話があったと、彼に伝えてください。

와따시까라 뎅와가 앗따또, 카레니 츠따에떼 쿠다사이

○ 당신을 찾는 전화가
걸려 왔습니다.

→ あなたに電話がかかってきました。

아나타니 뎅와가 카깟떼 키마시따

잘못 걸려 온 전화

○ 잘못 거셨어요. ➡ おかけ間違いですよ。
오까께마찌가이데스요

間違い 틀림, 잘못

○ 그런 사람 없어요. ➡ そのような者はこちらにはおりません。
소노요-나 모노와 코찌라니와 오리마셍

者 사람

○ 몇 번에 거셨어요? ➡ どちらにおかけになりましたか。
도찌라니 오까께니 나리마시따까

○ 잘못 거신 것이 아니세요? ➡ お間違えではないでしょうか。
오마찌가에데와 나이데쇼-까

○ 전화번호를 다시 한번 확인해 주세요. ➡ 電話番号をもう一度チェックしてみてください。
뎅와방고-오 모-이찌도 첵쿠시떼 미떼 쿠다사이

電話番号 전화번호 / チェック 대조하여 검사함

○ 제가 전화를 잘못 걸었습니다. ➡ かけ間違えてしまいました。
카께마찌가에떼 시마이마시따

전화를 끊을 때

○ 곧 다시 통화하자. → また話そう。
마따 하나소-

○ 전화해 줘서 고마워. → 電話してくれてありがとう。
뎅와시떼 쿠레떼 아리가또

○ 연락하는 것 잊지 마. → 連絡すること忘れないで。
렌라꾸스루 코또 와스레나이데

連絡する 연락하다

○ 언제든 내게 연락해. → いつでも私に連絡して。
이쯔데모 와따시니 렌라꾸시떼

○ 내일 저녁에 전화할게요. → 明日の夕方に電話します。
아시따노 유-가따니 뎅와시마스

夕方 저녁때, 해 질 녘

○ 도착하면 꼭 전화하라고 몇 번씩 당부했다. → 到着したら必ず電話するように何度も念を押した。
토-짜꾸시따라 카나라즈 뎅와스루-니 난도모 넹오 오시따

到着 도착/ **必ず** 반드시/ **念を押す** 거듭 주의하다

Chapter 1. 73

전화 기타

○ 전화 좀 받아 주세요. →電話にちょっと出てください。
でんわ　　　　　　　で
뎅와니 촛또 데떼 쿠다사이

○ 제가 전화를 받을게요. →私が電話に出ます。
わたし　でんわ　　で
와따시가 뎅와니 데마스

○ 전화를 안 받는데요. →電話に出ませんが。
でんわ　で
뎅와니 데마셍가

○ 공중전화는 어디 있어요? →公衆電話はどこにありますか。
こうしゅう　でんわ
코-슈-뎅와와 도꼬니 아리마스까

公衆電話 공중전화

○ 전화번호부 있어요? →電話帳ありますか。
でんわちょう
뎅와쬬- 아리마스까

電話帳 전화번호부

○ 지금 거신 번호는 현재 사용되고 있지 않습니다. →今おかけになった番号は現在使われておりません。
いま　　　　　　　　　ばんごう
げんざい つか
이마 오까께니 낫따 방고-와 겐자이 츠까와레떼 오리마셍

現在 현재 / 使われる 쓰이다

○ 전화를 막 하려던 참이에요.

→ 電話をしようと思ったところです。

뎅와오 시요-또 오못따 토꼬로데스

ところ (안성맞춤의) 때

Chapter 2

무슨 말을 꺼낼까?

매일 일어나는 일상생활을
일본어로 말하자니 난감하다고요?
이 부분을 통해 나의 하루부터
우리 집에 뭐뭐 있는지까지
제대로 수다를 떨어 볼까요!

Unit 1 하루 생활

Unit 2 집

Unit 3 운전 & 교통

Words

○ 朝 あさ 아사
　명 아침, 오전

○ 昼 ひる 히루
　명 낮, 한낮

○ 晩 ばん 방
　명 저녁, 밤

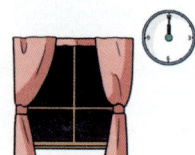

○ 夜 よる 요루
　명 밤

○ 朝 あさ ご飯 はん 아사고항
　명 아침 식사, 아침

○ 昼 ひる ご飯 はん 히루고항
　명 점심 식사, 점심

○ 晩 ばん ご飯 はん 방고항
　명 저녁 식사, 저녁

○ 寝 ねる 네루
　＝ 眠 ねむる 네무루
　동 자다, 잠자다

- **部屋** へや 헤야
  - 몡 방
- **寝室** しんしつ 신시쯔
  - 몡 침실

- **リビング** 리빙구
  = **茶ちゃの間ま** 챠노마
  - 몡 거실

- **台所** だいどころ 다이도꼬로
  = **キッチン** 킷칭
  - 몡 부엌, 주방

- **お手洗てあらい** 오떼아라이
  = **トイレ** 토이레
  - 몡 화장실

- **ベッド** 벳도
  - 몡 침대

- **ソファー** 소화-
  - 몡 소파

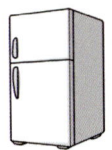
- **冷蔵庫** れいぞうこ 레-조-꼬
  - 몡 냉장고

- **洗濯機** せんたくき/せんたつき 센따꾸끼/센딱끼
  - 몡 세탁기

Unit 1 하루 생활　　　　　　　　　MP3. C2_U1

일어나기

○ 빨리 일어나세요.　　➡ 早く起きなさい。
　　　　　　　　　　　　하야꾸 오끼나사이

　　　　　　　　　　　　　　　　　起きる 일어나다

○ 이제
　일어날 시간이야!　　➡ もう起きる時間よ!
　　　　　　　　　　　　모- 오끼루 지깡요!

○ 일어났어?　　　　　➡ 起きたの?
　　　　　　　　　　　　오끼따노?

○ 조금만 더 자게
　해 주세요.　　　　➡ もうちょっと寝かせてください。
　　　　　　　　　　　　모- 춋또 네까세떼 쿠다사이

　　　　　　　　　　　　　　　　　寝かせる 재우다

○ 깨어났니?　　　　　➡ 目は覚めてる?
　　　　　　　　　　　　메와 사메떼루?

　　　　　　　　　　　　　　　　　覚める 잠이 깨다

○ 아직 안 일어나?　　➡ まだ起きないの?
　　　　　　　　　　　　마다 오키나이노?

○ 이제 슬슬 일어나야지. ➡ **もうそろそろ起きなきゃいけない。**
모- 소로소로 오끼나꺄 이께나이

そろそろ 슬슬(동작을 천천히 하는 모양이나 어떤 상태와 시간이 다 되어가는 모양)

○ 겨우 일어났구나. ➡ **ようやく起きたね。**
요-야꾸 오끼따네

ようやく 겨우

○ 막 일어났어요. ➡ **ちょうど今起きました。**
쵸-도 이마 오끼마시따

➡ **たったいま起きました。**
탓따이마 오끼마시따

ちょうど 막, 마침 / たったいま 이제 막

○ 일어나, 늦겠어. ➡ **起きなさい、遅れるよ。**
오끼나사이, 오쿠레루요

遅れる 늦다

○ 이런, 늦잠을 잤어. ➡ **おや、寝坊した。**
오야, 네보-시따

寝坊 늦잠을 잠, 잠꾸러기

○ 너무 자 버렸어. → 寝てしまった。
네떼 시맛따

→ 寝過ごしちゃった。
네스고시쨧따

寝過ごし 늦잠 자다

○ 왜 안 깨웠어요? → どうして起きなかったんですか。
도-시떼 오끼나깟딴데스까

기상하기

○ 내일 아침에는 일찍 깨워 주세요. → 明日の朝、早く起こしてください。
아시따노 아사, 하야꾸 오꼬시떼 쿠다사이

○ 전 아침 일찍 눈을 떠요. → 私は朝早く目を覚まします。
와따시와 아사 하야꾸 메오 사마시마스

○ 난 아침형 인간이야. → 私は朝型人間だ。
와따시와 아사가따 닝겐다

朝型人間 아침형 인간

○ 난 보통 아침 6시에 일어납니다.
→ 私は普通朝6時に起きます。
와따시와 후쯔- 아사 로꾸지니 오끼마스

普通 보통

○ 평소보다 일찍 일어났어.
→ いつもより早起きした。
이쯔모요리 하야오끼시따

より ~보다/ 早起きる 일찍 일어나다

○ 가끔 아침에 일어나는 것이 힘들어요.
→ たまに朝起きるのが大変です。
타마니 아사 오끼루노가 타이헨데스

大変だ 힘들다

○ 전 모닝콜이 필요해요.
→ 私はモーニングコールがかかせません。
와따시와 모-닝구코-루가 카까세마셍

モーニングコール 모닝콜/ かかせる 빠뜨릴 수 없다

○ 난 알람 소리에 잠이 깹니다.
→ 私はアラームの音で目を覚まします。
와따시와 아라-무노 오또데 메오 사마시마스

アラーム 경보, 알람/ 音 소리

○ 자명종을 맞춰 놓았지만 일어나지 못했어요.
→ 目覚まし時計をかけたけど、起きられなかったです。
메자마시도께-오 카께따께도, 오끼라레나깟따데스

目覚まし時計 자명종

○ 자명종 소리를 전혀 듣지 못했어요.
→ 目覚まし時計の音が全く聞こえなかったです。
메자마시도께-노 오또가 맛따꾸 키꼬에나깟따데스

全く 완전히

Chapter 2. 83

- 자명종 맞추는 것을 잊었어요. → 目覚まし時計をかける事を忘れていました。

  메자마시도께-오 카께루 코또오 와스레떼 이마시따

  事 일

세면

- 손을 씻으세요. → 手を洗ってください。

  테오 아랏떼 쿠다사이

  手 손/ 洗う 씻다

- 얼굴을 잘 씻어라. → ちゃんと顔を洗いなさい。

  챤또 카오오 아라이나사이

  ちゃんと 확실히, 제대로/ 顔 얼굴

- 세수하면, 잠이 깰 거야. → 顔を洗ったら目が覚めるよ。

  카오오 아랏따라, 메가 사메루요

- 벌써 세수했어? → もう顔を洗ったの?

  모- 카오오 아랏따노?

- 찬물로 세수했어요. → 冷たい水で顔を洗いました。

  츠메따이 미즈데 카오오 아라이마시따

  冷たい 차다, 차갑다/ 水 물

- 얼굴 닦는 수건을 집어 줄래?
　→ 顔をふくタオルを取ってくれない？
　카오오 후꾸 타오루오 톳떼 쿠레나이?
　　ふく 닦다/ タオル 수건/ 取る 집다

- 세수를 했더니 산뜻해.
　→ 顔を洗ったら、さっぱりしたよ。
　카오오 아랏따라, 삽빠리시따요
　　さっぱり 산뜻이

- 비누가 눈에 들어가버렸어.
　→ せっけんが目に入っちゃった。
　섹껭가 메니 하잇쨧따
　　せっけん 비누/ 入る 들어오다

- 여드름 예방 세안제를 쓰고 있어요.
　→ にきび予防の洗顔料を使っています。
　니끼비 요보-노 셍간료-오 츠깟떼 이마스
　　にきび 여드름/ 予防 예방/ 洗顔料 세안제

- 하루에 세 번 이를 닦자.
　→ 一日に三回は歯を磨こう。
　이찌니찌니 상까이와 하오 미가꼬-
　　歯を磨く 이를 닦다

- 식후에 이를 닦아.
　→ 食後に歯磨きをする。
　쇼꾸고니 하미가끼오 스루

- 새 칫솔을 쓸게.
　→ 新しい歯ブラシを使おう。
　아따라시- 하부라시오 츠까오-
　　新しい 새롭다/ 歯ブラシ 칫솔

Chapter 2.　85

샤워

○ 저는 매일 아침에 머리를 감아요.
→ 私は毎朝シャンプーしています。

와따시와 마이아사 샴푸-시떼 이마스
朝シャンプーする(=朝シャンする) 아침에 머리를 감다

○ 아침에는 머리 감을 시간이 없어서 주로 저녁에 감아요.
→ 朝シャンする時間がないから主に夕方に洗います。

아사샹스루 지깡가 나이까라 오모니 유-가따니 아라이마스
主に 주로

○ 난 매일 샤워를 해요.
→ 私は毎日シャワーをします。

와따시와 마이니찌 샤와-오 시마스

シャワー 샤워

○ 그는 서둘러 샤워를 하고 있었다.
→ 彼は急いでシャワーを浴びていた。

카레와 이소이데 샤와-오 아비떼 이따
急ぐ 서두르다 / 浴びる (물을) 들쓰다

○ 너무 더워서 샤워를 했습니다.
→ あまりにもあついのでシャワーを浴びました。

아마리니모 아쯔이노데 샤와-오 아비마시따
あつい 덥다

목욕

○ 욕실을 좀 써도 될까요?
→ 浴室をちょっと借りてもいいですか。
요꾸시쯔오 촛또 카리떼모 이-데스까

浴室 욕실 / 借りる 빌리다

○ 목욕하고 있어.
→ お風呂に入ってるよ。
오후로니 하잇떼루요

お風呂に入る 목욕하다

○ 벌써 목욕했니?
→ もうお風呂はすんだの?
모- 오후로와 슨다노?

○ 목욕, 먼저 하세요.
→ お風呂、お先にどうぞ。
오후로, 오사끼니 도-조

○ 빨리 목욕해라.
→ 早くお風呂に入りなさい。
하야꾸 오후로니 하이리나사이

○ 너무 오래 목욕했어.
→ 長風呂した。
나가부로시따

Chapter 2. 87

○ 목욕물 온도가
알맞았어.
→ いい湯加減だった。
이- 유까겐닷따

湯加減 차나 목욕물 등의 적당한 온도

○ 목욕물이 좀 식었어.
→ お湯が少し冷めていた。
오유가 스꼬시 사메떼 이따

冷める 식다, 차가워지다

○ 미지근한 물이 좋아.
→ ぬるめのお湯がいい。
누루메노 오유가 이-

ぬるむ 미지근해지다

○ 목욕물을
데워 주세요.
→ 風呂をたいてください。
후로오 타이떼 쿠다사이

○ 공중목욕탕에
가 본 적 있어요?
→ 風呂屋に行ったことがありますか。
후로야니 잇따 코또가 아리마스까

風呂屋 대중탕

○ 냉수로 목욕하는
것은 건강에 좋다.
→ 冷水浴をすることは健康にいい。
레-스이요꾸오 스루 코또와 켕꼬-니 이-

冷水浴 냉수욕 / 健康 건강

○ 목욕을 먼저 하라고
서로 사양하는
사이에 목욕물은
식어 버린다.
→ ゆの辞儀は水になる。
유노 지기와 미즈니 나루

↳ 사양도 때와 경우에 따라 해야 한다는 의미입니다.

辞儀 사양

식사 - 일반

- 편식하면 안 돼. ➡ 偏^{へんしょく}食してはいけない。
헨쇼꾸시데와 이께나이

偏食 편식

- 남기지 말고 다 먹어. ➡ 残^{のこ}さずにすべて食^たべて。
노꼬사즈니 스베떼 타베떼

残す 남기다/ ずに ~하지 않고/ すべて 모두, 전부

- 밥 더 줄까? ➡ おかわりする?
오까와리스루?

おかわり 같은 음식을 더 먹음, 또는 그 음식

- 다 먹었어? ➡ 食^たべ終^おわったの?
타베오왓따노?

終わる 끝나다, 마치다

- 식사라도 합시다. ➡ 食^{しょくじ}事でもしましょう。
쇼꾸지데모 시마쇼-

食事 식사

- 난 말이야, 밥보다 술이 더 좋은데. ➡ 僕^{ぼく}はさあ、飯^{めし}より酒^{さけ}の方^{ほう}がいい。
보꾸와 사-, 메시요리 사께노 호-가 이-

○ 식사를 간단히 마쳤다.	➜ 食事を簡単にしました。 쇼꾸지오 칸딴니 시마시따

簡単に 간단히

아침 식사

○ 아침 식사 다 됐어요!	➜ 朝ご飯の用意[したく]できました! 아사고항노 요-이[시따꾸] 데끼마시따! <div align="right">朝ご飯(=朝食, 朝飯) 아침밥/ 用意(=したく) 준비</div>
○ 아침 식사는 토스트와 커피로 정해 놓고 있습니다.	➜ 朝飯はトーストとコーヒーにきめています。 쵸-쇼꾸와 토-스토또 코-히-니 키메떼 이마스 <div align="right">トースト 토스트/ コーヒー 커피/ きめる 정하다</div>
○ 어머니는 아침 식사를 차리고 있어요.	➜ 母は朝飯のしたくをしています。 하하와 아사메시노 시따꾸오 시떼 이마스
○ 난 절대로 아침을 거르지 않아.	➜ 私は絶対に朝食を欠かさないの。 와따시와 젯따이니 쵸-쇼꾸오 카까사나이노 <div align="right">絶対に 절대로/ 欠かす 빠뜨리다</div>
○ 오늘은 아침을 먹을 기분이 아니야.	➜ 今日は朝食を食べる気分じゃない。 쿄-와 쵸-쇼꾸오 타베루 키분쟈나이

気分 기분

○ 직접 밥을 떠 담으세요. → 自分でご飯をもってください。
지분데 고항오 못떼 쿠다사이

自分 자기, 스스로

점심 식사

○ 점심 먹으래. → 昼ご飯にしなさいって。
히루고한니 시나사잇떼

昼ご飯 점심밥

○ 지금, 점심 식사 준비를 하고 있어요. → 今、昼食のしたくをしてます。
이마, 츄-쇼꾸노 시따꾸오 시떼마스

○ 점심을 먹지 않아 뱃속에서 쪼르륵 소리가 나요. → 昼食を食べなかったのでおなかがぐうぐういいます。
츄-쇼꾸오 타베나깟따노데 오나까가 구-구- 이-마스
おなか 배 / ぐうぐう 쪼르륵(공복 때 배에서 나는 소리)

○ 점심 값은 각자 부담하죠. → 昼食代を割り勘にしましょう。
츄-쇼꾸다이오 와리깐니 시마쇼-

代 대금, 값 / 割り勘 각자내기

○ 점심을 준비해 놓고 기다리고 있었는데. → 昼食を用意して待っているのに。
츄-쇼꾸오 요-이시떼 맛떼 이루노니

저녁 식사 & 기타

○ 평소보다 간단하게 저녁을 먹읍시다.
→ いつもよりかるめの夕食をとりましょう。
이쯔모요리 카루메노 유-쇼꾸오 토리마쇼-

かるめ 가벼운 듯함/ 夕食 저녁밥

○ 오늘 저녁 반찬은 뭐야?
→ 今日夕食のおかずは何?
쿄- 유-쇼꾸노 오까즈와 나니?

おかず 반찬

○ 아내가 저녁 밥상을 차리고 있다.
→ 妻が夕食を作っている。
츠마가 유-쇼꾸오 츠꿋데 이루

妻 아내/ 作る 만들다

○ 우리는 저녁 식사에 초대 받았다.
→ 私たちは夕食によばれました。
와따시따찌와 유-쇼꾸니 요바레마시따

よばれる 초대를 받다

○ 간식을 주세요.
→ おやつをちょうだい。
오야쯔오 쵸-다이

おやつ 오후의 간식/
~ちょうだい ~주세요(여자나 아이가 쓰는 말투)

○ 식후의 디저트는 뭐가 좋을까요?
→ 食後のデザートは何がいいですか。
쇼꾸고노 데자-토와 나니가 이-데스까

食後 식후/ デザート 디저트

옷 입기

○ 오늘은 뭘 입지? → 今日は何を着る?
쿄-와 나니오 키루?

着る 입다

○ 어떤 넥타이를 매지? → どんなネクタイをする?
돈나 네쿠타이오 스루?

ネクタイ 넥타이

○ 그건 옷에 어울리지 않는 넥타이예요. → それは服に合わないネクタイです。
소레와 후꾸니 아와나이 네쿠타이데스

服 옷/ 合う 조화를 이루다

○ 오늘은 머리부터 발끝까지 검은 옷으로 입었어. → 今日は頭から足先まで黒い服を着た。
쿄-와 아따마까라 아시사끼마데 쿠로이 후꾸오 키따

頭 머리/ 足先 발끝/ 黒い 검다

○ 넌 아침에, 거울 앞에서 보내는 시간이 너무 길어. → お前は朝、鏡の前で過ごす時間が長すぎだ。
오마에와 아사, 카가미노 마에데 스고스 지깡가 나가스기다

鏡 거울/ 過ごす (시간을) 소비하다/ ~すぎ 정도가 지나침

○ 그는 항상 똑같은 옷을 입고 있다.
→ 彼はいつも同じ服を着ている。
카레와 이쯔모 오나지 후꾸오 키떼 이루

○ 넌 밝은색의 옷이 어울려.
→ お前は明るい色の服が似合うね。
오마에와 아까루이 이로노 후꾸가 니아우네
明るい 밝다, 환하다/ 似合う 잘 맞다, 어울리다

○ 이 옷은 맵시 있게 입기 힘들다.
→ この服は着こなしが難しい。
코노 후꾸와 키꼬나시가 무즈까시-

○ 아이가 옷을 입을 수 있도록 좀 도와주세요.
→ 子供が服を着がえるのをちょっと手伝ってください。
코도모가 후꾸오 키가에루노오 촛또 테쯔닷떼 쿠다사이
子供 아이

○ 이것은 몸에 딱 맞는 옷이야.
→ これはぴったりと体に合う服だ。
코레와 핏따리 카라다니또 아우 후꾸다
ぴったり 꼭 맞음/ 体 몸

○ 그 원피스는 꼭 끼는 옷이에요.
→ そのワンピースは窮屈です。
소노 완피-스와 큐-꾸쯔데스
ワンピース 원피스/ 窮屈だ (꼭 끼어) 갑갑하다

TV 시청

○ 오늘 밤 TV에서 뭐 하지?
→ 今晩テレビで何をやる?
콤방 테레비데 나니오 야루?

テレビ 텔레비전

○ NHK 채널에서 뭐 하지?
→ NHKチャンネルでは何やってる?
에누엣치케- 챤네루데와 나니 얏떼루?

↘ NHK는 1925년에 설립된 '일본 방송 협회'입니다.

チャンネル 채널

○ 이것은 장수 프로그램입니다.
→ これは長寿番組です。
코레와 쵸-쥬 방구미데스

長寿番組 장수 프로

○ 지금, 인기 드라마 할 시간이다.
→ ちょうど今、人気ドラマの時間だ。
쵸-도 이마, 닝끼 도라마노 지깐다

人気 인기 / ドラマ 드라마

○ 채널 좀 바꾸자.
→ チャンネルちょっと変えよう。
챤네루 춋또 카에요-

○ 채널 돌리지 마. → チャンネル変えすぎだよ。
챤네루 카에스기다요

→ チャンネル変えるのやめなさい。
챤네루 카에루노 야메나사이

○ 리모컨 좀 갖다줄래요? → リモコンちょっと持ってきてくれますか。
리모콩 춋또 못떼 키떼 쿠레마스까

リモコン 리모컨/ 持つ 쥐다, 들다

○ TV 소리를 줄여 주세요. → テレビの音を小さくしてください。
테레비노 오또오 치-사꾸시떼 쿠다사이

小さい 작다

○ TV 소리를 크게 해 주세요. → テレビの音を大きくしてください。
테레비노 오또오 오-끼꾸시떼 쿠다사이

○ 이제 TV를 꺼라. → もうテレビを消しなさい。
모- 테레비오 케시나사이

消す 끄다

○ 저녁을 먹으면서 TV를 보고 있습니다. → 夕飯を食べながらテレビを見ています。
유-항오 타베나가라 테레비오 미떼 이마스

잠자리 들기

○ 자, 잠잘 시간이야. → もう、寝る時間だ。
모-, 네루 지깐다

寝る 자다

○ 난 이제 잘게요. → 私はこれから寝ます。
와따시와 코레까라 네마스

○ 잠자리를 준비할까요? → 布団を敷きましょうか。
후똥오 시끼마쇼-까

布団 이불 / 敷く 깔다

○ 애를 좀 재워 줄래요? → 子供をちょっと寝かしつけてくれますか。
코도모오 춋또 네까시쯔께떼 쿠레마스까

○ 아직 안 자니? 곧 자정이야. → まだ寝てないの? もう零時だよ。
마다 네떼 나이노? 모- 레-지다요

零時 자정

○ 불을 꺼 줄래요? → 電気を消してくれますか。
뎅끼오 케시떼 쿠레마스까

電気 전기

- 어제는 일찍 잤어요. ➡ 昨日は早く寝ました。
  키노-와 하야꾸 네마시따

- 잠이 잘 안 와. ➡ 寝付きが悪い。
  네쯔끼가 와루이

  寝付き 잠듦

- 잠이 잘 와. ➡ 寝付きがよい。
  네쯔끼가 요이

- 언제까지 안 잘 거야? ➡ いつまで起きているの?
  이쯔마데 오끼떼 이루노?

- 일찍 자거라. ➡ 早く寝なさい。
  하야꾸 네나사이

- 아직 안 졸려. ➡ まだ寝たくない。
  마다 네따꾸나이

- 그는 슬슬 잠이 들어버렸다. ➡ 彼はゆっくり眠ってしまった。
  카레와 육꾸리 네뭇떼 시맛따

○ 어제는 피곤해서 초저녁부터 잠들었어.
→ 昨日は疲れて宵の口から眠り込んだ。

키노-와 츠까레떼 요이노 쿠찌까라 네무리꼰다
疲れる 피곤하다 / 宵の口 초저녁 / 眠り込む 푹 잠들다

○ 그때 낮잠을 자고 있었어요.
→ その時昼寝をしていました。

소노 토끼 히루네오 시떼 이마시따

昼寝 낮잠

○ 단잠을 자고 있었는데.
→ ぐっすり眠っていたのに。

굿스리 네뭇떼 이따노니

→ 熟睡してたのに。

쥭스이시떼따노니

ぐっすり 푹(깊이 잠든 모양) / 熟睡する 숙면하다

○ 그는 항상 이불을 뒤집어쓰고 잔다.
→ 彼はいつも布団をかぶって寝る。

카레와 이쯔모 후똥오 카붓떼 네루

かぶる 뒤집어쓰다

○ 대자로 뻗어 자고 있습니다.
→ 大の字になって寝ています。

다이노 지니 낫떼 네떼 이마스

○ 아기가 엎드려 자고 있어요.
→ 赤ちゃんがうつぶせになって寝ています。

아까짱가 우쯔부세니 낫떼 네떼 이마스

赤ちゃん 아기 / うつぶせる 엎드리다

Chapter 2. 99

○ 엄마는 팔베개를 하고 주무시고 있습니다. → 母はひじ枕で寝ています。

하하와 히지마꾸라데 네떼 이마스

ひじまくら 팔베개

잠버릇

○ 남편은 잠버릇이 나빠요. → 夫は寝癖が悪いです。

옷또와 네구세가 와루이데스

寝癖 잠버릇

○ 그는 밤새도록 코를 골아요. → 彼は夜通しいびきをかきます。

카레와 요도-시 이비끼오 카끼마스

夜通し 밤새도록 / いびき 코고는 소리를 냄

○ 그는 잠들자마자 코를 골기 시작했다. → 彼は寝るやいなやいびきをかき始めた。

카레와 네루야이나야 이비끼오 카끼하지메따

○ 이노우에 씨는 잠꼬대 하는 버릇이 있어요. → 井上さんは寝言を言う癖があります。

이노우에상와 네고또오 이우 쿠세가 아리마스

寝言 잠꼬대 / 言う 말하다 / 癖 버릇

○ 그녀는 잘 때 이를 갈아요. → 彼女は寝る時歯ぎしりをします。

카노죠와 네루 토끼 하기시리오 시마스

歯ぎしり 이를 갊

- 아내는 자다가 자꾸 뒤척거려요. → 妻は寝ながらしきりに寝返りを打ちます。

츠마와 네나가라 시끼리니 네가에리오 우찌마스

しきりに 자꾸만, 빈번히

- 저는 자면서 몸부림이 심해요. → 私は眠りながら寝がえりをひどく打ちます。

와따시와 네무리나가라 네가에리오 히도꾸 우찌마스

→ 私は眠りながらよく寝返りを打ちます。

와따시와 네무리나가라 요꾸 네가에리오 우찌마스

寝がえりを打つ 자다가 몸을 뒤치다 / ひどく 몹시, 심히

- 가위 눌렸어. → 夢でうなされていたよ。

유메데 우나사레떼 이따요

夢 꿈 / うなされる 가위 눌리다

- 난 반듯이 누워서 자. → 私はあおむけで寝る。

와따시와 아오무께데 네루

あおむけ 위를 향한 상태

- 베개가 바뀌면, 잠을 못 자. → 枕が変わると、眠れない。

마꾸라가 카와루또, 네무레나이

숙면

- 아직 졸려. →まだ眠い。
  마다 네무이

- 나 때문에 깬 거야? →私のせいで起きたの?
  와따시노 세-데 오끼따노?

- 어제 밤을 새웠어. →夕べ夜ふかししました。
  유-베 요후까시시마시따

  夕べ 저녁 / 夜ふかし 밤늦도록 깨어 있는 것

- 어젯밤, 몇 시에 잤니? →夕べ、何時に寝たの?
  유-베, 난지니 네따노?

- 잔 것 같지 않아. →寝た気がしない。
  네따 키가 시나이

- 잘 자지 못했어. →あまり眠れなかった。
  아마리 네무레나깟따

  あまり 그다지, 별로

102

○ 수면 부족이야. ➡ 睡眠不足だ。
스이민부소꾸다

睡眠不足 수면 부족

○ 어젯밤에는 잘 잤어요. ➡ 夕べはよく寝ました。
유-베와 요꾸 네마시따

○ 난 잠을 잘 못 자요. ➡ 私はよく眠れません。
와따시와 요꾸 네무레마셍

○ 요즘 잠을 잘 못 자요. ➡ 最近あまり眠れないです。
사이낑 아마리 네무레나이데스

最近 최근

○ 그가 코를 고는 바람에 잠을 잘 수 없었어요. ➡ 彼がいびきをかくせいで眠れませんでした。
카레가 이비끼오 칵세-데 네무레마센데시따

○ 피로를 푸는 가장 좋은 방법은 숙면이죠. ➡ 疲れを解す一番いい方法は熟睡することですね。
츠까레오 호구스 이찌방 이-호-호-와 쥭스이스루 코또데스네
解す 풀다/ 一番 1번, 최상의/ 方法 방법

○ 숙면한 덕에 피로가 풀렸습니다. ➡ ぐっすり眠ったおかげで疲れがとれました。
굿스리 네뭇따 오까게데 츠까레가 토레마시따

おかげ 덕분에

Chapter 2. 103

꿈

- 잘 자, 좋은 꿈 꿔! → おやすみ、いい夢を見てね!
  오야스미, 이- 유메오 미떼네!

- 난 가끔 그의 꿈을 꿔. → 私はたまに彼の夢を見る。
  와따시와 타마니 카레노 유메오 미루

- 어제 이상한 꿈을 꿨어. → 昨日おかしい夢を見た。
  키노- 오까시- 유메오 미따

  おかしい 이상하다

- 악몽을 꿨어요. → 悪夢を見ました。
  아꾸무오 미마시따

  悪夢 악몽

- 그는 가끔 악몽에 시달립니다. → 彼は時々悪夢にうなされます。
  카레와 토끼도끼 아꾸무니 우나사레마스

  時々 가끔식, 때때로

- 당신의 꿈은 흑백인가요, 컬러인가요? → あなたの夢は白黒ですか、カラーですか。
  아나따노 유메와 시로꾸로데스까, 카라-데스까

  白黒 흑백 / カラー 컬러

 **Unit 2 집**　　　　　　　　MP3. C2_U2

화장실 사용

○ 화장실이 어디죠? → **トイレはどこですか。**
　　　　　　　　　토이레와 도꼬데스까

　　　　　　　　　　　　　　　　　トイレ 화장실

○ 화장실 좀 다녀올게. → **トイレちょっと行って来る。**
　　　　　　　　　　토이레 춋또 잇떼 쿠루

○ 난 화장실에 자주 가. → **私はトイレが近い。**
　　　　　　　　　　와따시와 토이레가 치까이

　　　　　　　　　　近い 가깝다(시간적으로 멀지 않다)

○ 화장실에 잠시 들렀어요. → **トイレにちょっと立ち寄りました。**
　　　　　　　　　토이레니 춋또 타찌요리마시따

　　　　　　　　　　立ち寄る (지나는 길에) 들르다

○ 화장실에 누가 있어. → **トイレに誰かいるよ。**
　　　　　　　　　토이레니 다레까 이루요

○ 화장실은 자주 청소합니까? → **トイレはよく掃除しますか。**
　　　　　　　　　토이레와 요꾸 소-지시마스까

　　　　　　　　　　掃除する 청소하다

Chapter 2.　105

- 수도꼭지가 안 잠겨요. → 蛇口が締まりません。
  쟈구찌가 시마리마셍

  蛇口 수도꼭지 / 締まる 단단히 죄이다

- 화장실 물이 안 빠져. → トイレの水が流れないよ。
  토이레노 미즈가 나가레나이요

  流れる 흐르다

- 화장실 물이 안 멈춰. → トイレの水が止まらない。
  토이레노 미즈가 토마라나이

  止まる 멈추다

- 변기가 막혔어요. → 便器が詰まりました。
  벵끼가 츠마리마시따

  便器 변기

- 화장실 배수관이 막혔어요. → トイレの配水管が詰まりました。
  토이레노 하이스이깡가 츠마리마시따

  詰まる 막히다 / 排水管 배수관

- 화장지가 떨어진 것 같아. → トイレの紙がなくなったそうだ。
  토이레노 카미가 나꾸낫따 소-다

  なくなる 다 떨어지다

- 화장실 전등이 나갔어. → トイレの電球が切れた。
  토이레노 뎅뀨-가 키레따

  電球 전구

화장실 에티켓

○ 물 내리는 것을
   잊지 마.
→ 便器の水を流すことを忘れるな。

벵끼노 미즈오 나가스 코또오 와스레루나

○ 사용한 휴지는
   휴지통에
   넣어 주세요.
→ 使った紙はごみ箱に入れてください。

츠깟따 카미와 고미바꼬니 이레떼 쿠다사이

ごみ箱 쓰레기통 / 入れる 넣다

○ 휴지는 휴지통에.
→ ごみはごみ箱に。

고미와 고미바꼬니

ごみ 쓰레기

○ 이물질을 변기에
   버리지 마시오.
→ ごみを便器に捨てないでください。

고미오 벵끼니 스떼나이데 쿠다사이

捨てる 버리다

○ 화장지를
   아껴 씁시다.
→ トイレットペーパーを節約して使いましょう。

토이렛토페-파-오 세쯔야꾸시떼 츠까이마쇼-

トイレットペーパー 화장지 / 節約する 절약하다

○ 화장실에
   담배꽁초를
   버리지 마세요.
→ トイレに吸殻を捨てないでください。

토이레니 스이가라오 스떼나이데 쿠다사이

吸殻 (담배)꽁초

소변 & 대변

- 그는 화장실에서 소변을 봤습니다.
  → 彼はトイレで小便をしました。
  카레와 토이레데 쇼-벵오 시마시따

  小便 소변

- 소변 금지!
  → 小便禁止!
  쇼-벵 킨시!

  禁止 금지

- 화장실에서 대변을 보았다.
  → トイレで大便をしました。
  토이레데 다이벵오 시마시따

  → トイレで排便しました。
  토이레데 하이벤시마시따

  大便 대변/ 排便 배변

- 대변이 마려워요.
  → 便意を催します。
  벵이오 모요-시마스

  便意 변의/ 催す 불러 일으키다

- 그는 대변보러 화장실에 갔다.
  → 彼は大便しにトイレへ行った。
  카레와 다이벤시니 토이레에 잇따

○ 사흘 동안 변을 보지 못했어요. → 三日間お通じがなかったです。
みっかかん　つう

믹까깡 오쯔-지가 나깟따데스

通じ 대소변의 배설

거실

○ 거실이 좀 더 넓으면 좋겠어요. → リビング[居間]がもうちょっと広ければいいです。
いま　　　　　　　　　　ひろ

리빙구[이마]가 모- 춋또 이로께레바 이-데스

リビング(= 居間) 거실 / 広い 넓다

○ 거실에는 TV가 있어요. → リビングにはテレビがあります。

리빙구니와 테레비가 아리마스

○ 거실에 소파 베드가 있습니다. → リビングにソファーベッドがあります。

리빙구니 소화-벳도가 아리마스

ソファーベッド 소파 베드

○ 우리 집 거실은 너무 복잡해. → 家のリビングは物が多すぎだ。
いえ　　　　　　もの　おお

이에노 리빙구와 모노가 오-스기다

物 물건 / 多い 많다

Chapter 2. 109

○ 소파에 편하게 앉아 있습니다.
→ ソファーにゆったり座っています。

소화-니 윳따리 스왓떼 이마스

ソファー 소파/ ゆったり 느긋이(여유가 있는 모양)/ 座る 앉다

○ 집에 홈시어터를 설치해서 영화를 볼 거예요.
→ 家にホームシアターを設置して映画を見るつもりです。

이에니 호-무시아타-오 셋찌시떼 에-가오 미루 츠모리데스

ホームシアター 홈시어터/ 設置する 설치하다

○ 최근 거실에 홈시어터를 설치했어요.
→ 最近リビングにホームシアターを設置しました。

사이낑 리빙구니 호-무시아타-오 셋찌시마시따

○ 거실의 그림을 바꿔 걸었습니다.
→ リビングの絵をかけかえました。

리빙구노 에오 카께까에마시따

絵 그림

○ 부엌 일을 끝내고 겨우 거실에 앉았어요.
→ 台所のかたづけ物を済ませてやっとリビングで座りました。

다이도꼬로노 카따즈께모노오 스마세떼 얏또 리빙구데 스와리마시따

台所 부엌/ かたづけ物 물건들을 정리하거나 제자리에 갖다 놓는 일/ 済ませる 끝나다

- 방 두 개에 거실과 식당 겸용 주방이 딸린 구조입니다.

→ **2LDKです。**
니에루디-케-데스

LDK 거실과 식당을 겸한 부엌
(living room+dining kitchen을 뜻하는 일본 조어)

부엌용품

- 이 아파트의 부엌은 모든 설비가 갖춰져 있어요.

→ **このアパートの台所はすべての設備が揃っています。**
코노 아파-토노 다이도꼬로와 스베떼노 세쯔비가 소롯떼 이마스

アパート 아파트/ 設備 설비/ 揃う 갖추어지다

- 냄비는 찬장에 가지런히 놓여 있어요.

→ **鍋は戸棚にきちんと置かれています。**
나베와 토다나니 키찐또 오까레떼 이마스

鍋 냄비/ 戸棚 찬장/ きちんと 깔끔히/ 置かれる 놓여져 있다

- 프라이팬은 크기별로 정리되어 있어요.

→ **フライパンはサイズ[大きさ]どおり整理されています。**
후라이팡와 사이즈[오-끼사]도-리 세-리사레떼 이마스

フライパン 프라이팬/ サイズ(= 大きさ) 사이즈, 크기/ どおり ~대로/ 整理される 정리되다

- 이 그릇은 조심해서 다뤄야 해요.

→ この器は気をつけて扱わなければなりません。

코노 우쯔와와 키오 츠께떼 아쯔까와나께레바 나리마셍

器 그릇/ 扱う 다루다, 취급하다

- 프라이팬은 오래 쓸수록 길들여져서 쓰기에 좋아요.

→ フライパンは長く使うほどよくなじみます。

후라이팡와 나가꾸 츠까우호도 요꾸 나지미마스

ほど ~할수로, ~일수록/ なじむ 친숙해지다, 익숙해지다

냉장고

- 남은 음식은 냉장고에 넣어둘게요.

→ 残った食べ物は冷蔵庫に入れて置きます。

노꼿따 타베모노와 레-조-꼬니 이레떼 오끼마스

冷蔵庫 냉장고

- 우리 집 냉장고는 인스턴트 식품으로 가득 차 있어요.

→ 私の家の冷蔵庫はインスタント食料品でいっぱいです。

와따시노 이에노 레-조-꼬와 인스탄토 쇼꾸료-힌데 입빠이데스

インスタント 인스턴트/ 食料品 식품/ いっぱい 가득

- 이 냉장고는 용량이 어떻게 되나요?

→ この冷蔵庫はどのくらいの用量ですか。

코노 레-조-꼬와 도노꾸라이노 요-료-데스까

用量 용량

○ 우리 집 냉장고의
　용량은
　약 700리터예요.

➡ 私の家の冷蔵庫の用量は約700リットルです。

와따시노 이에노 레-조-꼬노 요-료-와 야꾸 나나햐꾸릿토루데스

約 약, 대략/ リットル 리터

전자레인지 & 가스레인지

○ 전자레인지는
　현대인의 주방
　필수품이 되었어요.

➡ 電子レンジは現代人のキッチン必需品になりました。

덴시렌지와 겐다이진노 킷칭 히쯔쥬힌니 나리마시따

電子レンジ 전자레인지/ キッチン 부엌, 키친/ 必需品 필수품

○ 전자레인지는
　음식을 조리하는
　시간을 줄여 줘요.

➡ 電子レンジは食べ物を料理する時間を減らしてくれます。

덴시렌지와 타베모노오 료-리스루 지깡오 헤라시떼 쿠레마스

➡ 電子レンジは食べ物の調理時間を減らしてくれます。

덴시렌지와 타베모노노 쵸-리지깡오 헤라시떼 쿠레마스

食べ物 먹을 것, 음식물/ 料理する 요리하다/
減らす 줄이다/ 調理 조리

Chapter 2.　113

- 전자레인지에 금속으로 된 그릇을 넣으면 안 됩니다.
  → 電子レンジに金属製の器を入れてはいけません。
  덴시렌지니 킨조꾸세-노 우쯔와오 이레떼와 이께마셍
  金属製 금속제

- 유코는 가스레인지를 켜고 있었다.
  → 裕子はガスレンジをつけてました。
  유-꼬와 가스렌지오 츠께떼마시따
  ガスレンジ 가스레인지 / つける 점화하다

요리 준비

- 저녁을 준비하는 중이에요.
  → 夕食を用意してます。
  유-쇼꾸오 요-이시떼마스

- 오늘 저녁은 뭐야?
  → 今晩の食事は何なの?
  콤반노 쇼꾸지와 난나노?

- 10분 있으면 저녁이 준비될 거야.
  → 十分あれば夕食が準備できるわ。
  쥬뿐 아레바 유-쇼꾸가 쥼비데끼루와
  準備する 준비하다

- 곧 저녁을 할 테니까, 기다릴 수 있지?
  → すぐ夕食作るから、待ってられる?
  스구 유-쇼꾸 츠꾸루까라, 맛떼라레루?
  すぐ 곧

○ 간단하고 빠르게
준비할 수 있는
요리는 뭔가요?
➡ 簡単で早く準備できる料理は何ですか。

칸딴데 하야꾸 쥼비데끼루 료-리와 난데스까

○ 식탁 차리는 것 좀
도와줄래?
➡ 食事をテーブルにのせるのちょっと手伝ってくれる?

쇼꾸지오 테-부루니 노세루노 촛또 테쯔닷떼 쿠레루?

テーブル 테이블/ のせる 위에 놓다

요리하기

○ 맛있는 냄새에
군침이 도는걸.
➡ おいしいにおいによだれが出るの。

오이시- 니오이니 요다레가 데루노

おいしい 맛있다/ におい 냄새/ よだれ 군침

○ 저녁으로 불고기를
준비했어요.
➡ 夕食で焼肉を準備しました。

유-쇼꾸데 야끼니꾸오 쥼비시마시따

焼肉 불고기

○ 오코노미야키는
어떻게 만들어요?
➡ お好み焼きはどう作りますか。

오꼬노미야끼와 도- 츠꾸리마스까

お好み焼き 오코노미야키

○ 맛은 어때요?
➡ 味はどうですか。

아지와 도-데스까

味 맛

Chapter 2. 115

○ 맛 좀 봐 주세요. → 味見をして[見て]ください。
아지미오 시떼[미떼] 쿠다사이

味見 맛을 봄

○ 조미료를 넣지 않으면 맛이 안 나. → 調味料を入れないと味がでない。
쵸-미료-오 이레나이또 아지가 데나이

調味料 조미료

○ 곁들임은 뭘 하지? → つけ合わせは何にしよう?
츠께아와세와 나니니 시요-?

つけ合わせ 주요리에 곁들이는 채소, 해초 등

○ 어머니가 쓰던 요리법을 사용했을 뿐이에요. → 母が使ったレシピを使っただけです。
하하가 츠깟따 레시피오 츠깟따다께데스

レシピ 레시피

○ 요리법 좀 가르쳐 줄래요? → レシピちょっと教えてくれますか。
레시피 춋또 오시에떼 쿠레마스까

○ 이 요리법대로만 따라 하세요. → このレシピどおりにつくってください。
코노 레시피도-리니 츠꿋떼 쿠다사이

- 준비한 저녁을 맛있게 드세요. → 準備した夕食を召し上がってください。

쥼비시따 유-쇼꾸오 메시아갓떼 쿠다사이

→ 夕食を準備しましたので召し上がってください。

유-쇼꾸오 쥼비시마시따노데 메시아갓떼 쿠다사이

召し上がる 드시다

- 이거, 어떻게 굽지? → これ、どうやって焼くの?

코레, 도-얏떼 야꾸노?

焼く 굽다

식사 예절

- 잘 먹겠습니다. → いただきます。

이따다끼마스

- 잘 먹었습니다. → こちそうさまでした。

코찌소-사마데시따

- 식사 전에 손을 비누로 깨끗이 씻어라. → 食事の前に手を石鹸できれいに洗いなさい。

쇼꾸지노 마에니 테오 섹껜데 키레-니 아라이나사이

Chapter 2. 117

○ 입에 음식을 넣은 채 말하지 마.
→ 食べ物を口に入れたまま話すのはやめなさい。

타베모노오 쿠찌니 이레따마마 하나스노와 야메나사이

たまま ~한 채로/ **話す** 말하다

○ 음식을 남기지 말고 다 먹도록 해.
→ 食べ物を残さず全部食べなさい。

타베모노오 노꼬사즈 젬부 타베나사이

全部 전부

○ 식탁에서 팔꿈치를 올리면 안 돼요.
→ 食卓にひじを上げてはだめです。

쇼꾸따꾸니 히지오 아게떼와 다메데스

→ 食卓にひじをついてはだめです。

쇼꾸따꾸니 히지오 츠이떼와 다메데스

食卓 식탁/ **上げる** 올리다/ **だめだ** 해서는 안 된다

○ 식사를 마치면 포크와 나이프를 접시 위에 놓으세요.
→ 食事を終えればフォークとナイフを皿の上に置いてください。

쇼꾸지오 오에레바 호-쿠또 나이후오 사라노 우에니 오이떼 쿠다사이

フォーク 포크/ **ナイフ** 나이프/ **皿** 접시

○ 식탁에서 신문 읽는 것, 그만두면 안 돼요?
→ 食卓で新聞を読むの、やめなさい。

쇼꾸따꾸데 심붕오 요무노, 야메나사이

○ 자리에서 먼저 일어나도 될까요? → 先に失礼してもいいですか。
사끼니 시쯔레-시떼모 이-데스까

先に 먼저

설거지

○ 식탁 좀 치워 줄래요? → 食卓ちょっと片付けてくれますか。
쇼꾸따꾸 춋또 카따즈께떼 쿠레마스까

片付ける 정돈하다

○ 그릇을 개수대에 넣어 줘. → 器を流しに入れてくれる。
우쯔와오 나가시니 이레떼 쿠레루

○ 식탁을 치우고 그릇을 식기세척기에 넣어 줄래요? → 食卓を片付けて器を食器洗浄機に入れてくれますか。
쇼꾸따꾸오 카따즈께떼 우쯔와오 숔끼센죠-끼니 이레떼 쿠레마스까

食器洗浄機 식기세척기

○ 설거지는 내가 할게요. → 皿洗いは私がします。
사라아라이와 와따시가 시마스

皿洗い 설거지

○ 그가 저 대신에 설거지를 할 거라고 했어요.

→ 彼が私のかわりに皿洗いをすると言いました。

카레가 와따시노 카와리니 사라아라이오 스루또 이-마시따

かわり ~대신

위생

○ 그녀는 돌아오면 항상 손부터 씻어요.

→ 彼女は帰るといつも手から洗います。

카노죠와 카에루또 이쯔모 테까라 아라이마스

○ 독감 예방을 위해 가장 중요한 것은 바깥에서 돌아온 후에는 손을 씻는 것이에요.

→ インフルエンザ予防のために一番大切なことは外から戻った後には手を洗うことです。

잉후루엔자 요보-노 타메니 이찌방 타이세쯔나 코또와 소또까라 모돗따 아또니와 테오 아라우 코또데스

インフルエンザ 독감/ 大切だ 중요하다/ 外 밖/ 戻る 돌아오다

○ 그들은 위생 관념이 없어요.

→ 彼らは衛生観念がありません。

카레라와 에-세-깐넹가 아리마셍

衛生観念 위생 관념

○ 청결이 병을 예방하는 최선책이에요.

→ 清潔が病気を予防する最善の方法です。

세-께쯔가 뵤-끼오 요보-스루 사이젠노 호-호-데스

清潔 청결/ 病気 질병/ 最善 최선

청소

○ 방이 어질러졌네. 좀 치우도록 해.
→ 部屋がちらかってるね。ちょっと片付けなさい。
헤야가 치라깟떼루네. 촛또 카따즈께나사이
部屋 방/ ちらかる 흐트러지다, 어질러지다

○ 청소기를 돌려야겠어.
→ バキュームで掃除しましょう。
바큐-무데 소-지시마쇼-

→ 電気掃除機で掃除しましょう。
뎅끼소-지끼데 소-지시마쇼-

バキューム(= 電気掃除機) 청소기

○ 청소하는 것 좀 도와줄래?
→ 掃除するのをちょっと手伝ってくれる?
소-지스루노오 촛또 테쯔닷떼 쿠레루?

○ 선반의 먼지 좀 털어 줄래?
→ 棚のほこりちょっと払いてくれる?
타나노 호꼬리 촛또 하라이떼 쿠레루?
棚 선반/ ほこり 먼지/ 払う (먼지를) 털다

○ 난 매달 한 번씩 집 안 구석구석을 청소한다.
→ 私は毎月一回ずつ家を隅々まで掃除する。
와따시와 마이쯔끼 익까이즈쯔 이에오 스미즈미마데 소-지스루
ずつ ~씩/ 隅々 구석구석

Chapter 2. 121

○ 매달 대청소를 한다. → 毎月大掃除をする。

마이쯔끼 오-소-지오 스루

大掃除 대청소

○ 온 가족이 총동원되어 대청소를 합니다. → 一家そうがかりで大掃除をします。

익까 소-가까리데 오-소-지오 시마스

一家 일가/ そうがかり 전원이 달려들어 함

○ 대청소로 하루가 고스란히 지나갔다. → 大掃除でまる一日つぶれました。

오-소-지데 마루이찌니찌 츠부레마시따

つぶれる 잃게 되다, 없어지다

○ 난 매일 방 청소를 합니다. → 私は毎日部屋の掃除をします。

와따시와 마이니찌 헤야노 소-지오 시마스

○ 방 청소를 다시 했습니다. → 部屋の掃除をやり直しました。

헤야노 소-지오 야리나오시마시따

やり直す 다시 하다

○ 분담해서 방 청소를 시작합시다. → 手分けして掃除を始めましょう。

테와께시떼 소-지오 하지메마쇼-

手分け 분담

걸레질

- 내가 청소기를 돌릴 테니, 당신은 걸레질을 해 줄래요?

→ 私がバキュームで掃除するから、あなたは雑巾がけをしてくれますか。

와따시가 바큐-무데 소-지스루까라, 아나따와 조-낑가께오 시떼 쿠레마스까

雑巾がけ 걸레질

- 이 방은 걸레질이 필요하겠는걸.

→ この部屋は雑巾がけが必要だね。

코노 헤야와 조-낑가께가 히쯔요-다네

- 엎지른 물을 걸레로 훔쳐냈어.

→ こぼした水を雑巾で拭き取った。

코보시따 미즈오 조-낑데 후끼똣따

こぼす 흘리다 / 拭き取る 닦아 내다, 씻어 내다

- 창문 좀 닦아 줄래요?

→ 窓ちょっと拭いてくれますか。

마도 촛또 후이떼 쿠레마스까

拭く 닦다

- 아침 내내 욕조를 닦았습니다.

→ 朝の間浴槽を磨きました。

아사노 아이다 요꾸소-오 미가끼마시따

間 ~사이 / 磨く 닦다

Chapter 2. 123

- 내가 걸레질을 할게. ➡ 私が雑巾がけをするよ。

와따시가 조-낑가께오 스루요

분리수거

- 쓰레기통 좀 비우지 그래? ➡ ごみ箱ちょっと空けたい?

고미바꼬 촛또 아께따이?

空ける 비우다

- 쓰레기 좀 버려 줄래요? ➡ ごみちょっと捨ててくれますか。

고미 촛또 스떼떼 쿠레마스까

- 어젯밤 쓰레기 내놨어요? ➡ 夕べごみ出して置きましたか。

유-베 고미다시떼 오끼마시따까

- 오늘은 쓰레기 수거차가 오는 날이다. ➡ 今日はダストカートが来る日だ。

쿄-와 다스토카-토가 쿠루 히다

ダストカート 쓰레기 수거차

- 재활용 쓰레기는 분리해서 버려야 해요. ➡ リサイクルごみは分けて捨てなければならないです。

리사이쿠루고미와 와께떼 스떼나께레바 나라나이데스

リサイクル 재활용 / 分ける 나누다, 구분하다

세탁

- 오늘은 빨래를 해야 해.
→ 今日は洗濯しなきゃ。
쿄-와 센따꾸시나꺄

洗濯する 빨래하다

- 빨래가 산더미야.
→ 洗濯が山盛りだ。
센따꾸가 야마모리다

山盛り 산더미

- 빨래가 많이 밀렸어요.
→ 洗濯物がたくさんたまりました。
센따꾸모노가 탁상 타마리마시따

洗濯物 빨래, 세탁물

- 세탁기를 돌려야겠어.
→ 洗濯機を回さなければならない。
센따꾸끼오 마와사나께레바 나라나이

洗濯機 세탁기 / 回す 돌리다

- 빨래를 비벼 빨아라.
→ 洗濯物をもんで洗いなさい。
센따꾸모노오 몬데 아라이나사이

もむ 비비다

- 빨래를 헹궈 주세요.
→ 洗濯物をゆすいでください。
센따꾸모노오 유스이데 쿠다사이

ゆすぐ 헹구다

Chapter 2. 125

- 빨래를 삶아서 널었다. → 洗濯物を煮て干した。
센따꾸모노오 니떼 호시따

煮る 삶다

- 빨래 좀 널어 주세요. → 洗濯ちょっと干してください。
센따꾸 촛또 호시떼 쿠다사이

- 빨래를 너는 걸 잊고 있었어. → 洗濯物を干し忘れていた。
센따꾸모노오 호시와스레떼 이따

干す 말리다

- 빨래 좀 걷어 줄래요? → 洗濯ちょっと取り込んでくれますか。
센따꾸 촛또 토리꼰데 쿠레마스까

取り込む 거두어들이다

- 비로 좀처럼 안 말라. → 雨でなかなか乾かないわね。
아메데 나까나까 카와까나이와네

乾く 마르다, 건조하다

- 좋은 날씨로, 빨래가 잘 마르네. → いいお天気で、洗濯物がよく乾くわね。
이- 오뗑끼데, 센따꾸모노가 요꾸 카와꾸와네

- 이 티셔츠, 빨았더니 늘어나 버렸어. → このTシャツ、洗ったら伸びちゃった。
코노 티-샤츠, 아랏따라 노비쨧따

Tシャツ 티셔츠 / 伸びる 늘어나다

다림질

○ 다림질 좀 해 줄래?
→ アイロンをかけてくれない？
아이롱오 카께떼 쿠레나이?

アイロン 다리미

○ 셔츠 좀 다려 줄래요?
→ シャツちょっとアイロンをかけてくれますか。
샤츠 춋또 아이롱오 카께떼 쿠레마스까

○ 천을 대고 다림질을 해 줘요.
→ あて布をしてアイロンをかけてね。
아떼 누노오 시떼 아이롱오 카께떼네

あて 덧대는 것 / 布 천

○ 다려야 할 옷이 산더미야.
→ アイロンをかける服が山盛りだ。
아이롱오 카께루 후꾸가 야마모리다

○ 간신히 다림질을 마쳤네.
→ やっとアイロンをかけ終わった。
얏또 아이롱오 카께오왓따

やっと 겨우, 간신히

○ 다리미 스위치를 껐나?
→ アイロンのスイッチを切ったかな。
아이론노 스잇치오 킷따까나

スイッチ 스위치 / 切る 끄다

Chapter 2. 127

집 꾸미기

○ 전 인테리어나 가구의 디자인에 관심이 많아요.

→ 私はインテリアとか家具のデザインに興味が高いです。

와따시와 인테리아또까 카구노 데자인니 쿄-미가 타까이데스

インテリア 인테리어, 실내 장식/ とか ~라든가/
家具 가구/ デザイン 디자인/ 興味 흥미

○ 인테리어 전문가가 집 전체를 개조했다.

→ インテリア専門家が家の全体を改造した。

인테리아 셈몽까가 이에노 젠따이오 카이조-시따

専門家 전문가/ 全体 전체/ 改造する 개조하다

○ 새 커튼은 벽 색깔과 어울리지 않아.

→ 新しいカーテンは壁の色と似合わない。

아따라시- 카-텡와 카베노 이로또 니아와나이

カーテン 커튼/ 壁 벽

○ 야마모토 씨의 집 거실은 멋있는 가구로 꾸며져 있어요.

→ 山本さんの家の居間はすてきな家具がそろっています。

야마모또산노 이에노 이마와 스떼끼나 카구가 소롯떼 이마스

すてきだ 매우 근사하다, 아주 멋지다/
そろう 갖추어지다, 구비하다

  Unit 3 운전 & 교통　　MP3. C2_U3

운전

○ 어제 운전면허를 땄어요.
→ 昨日運転免許を取りました。
키노- 운뗀멩꾜오 토리마시따

→ 昨日ドライバーライセンスを取りました。
키노- 도라이바-라이센스오 토리마시따

→ 昨日車のライセンスを取りました。
키노- 쿠루마노 라이센스오 토리마시따

運転 운전 / **免許** 면허 / **ドライバー** 운전자, 드라이버 / **ライセンス** 면허, 라이선스

○ 난 아직 운전에 익숙하지 않아요.
→ 私はまだ運転に慣れません。
와따시와 마다 운뗀니 나레마셍

慣れる 익숙해지다

○ 그는 운전에 아주 능숙해요.
→ 彼は運転がとても上手です。
카레와 운뗑가 토떼모 죠-즈데스

→ 彼は運転がとてもうまいです。
카레와 운뗑가 토떼모 우마이데스

上手だ(=うまい) 솜씨가 좋다, 능숙하다

- 내 운전면허는 다음 달이 만기예요.

  → 私の運転免許は来月が満期です。

  와따시노 운뗀멩꾜와 라이게쯔가 망끼데스

  → 免許の有効期間は来月です。

  멩꾜노 유-꼬-끼깡와 라이게쯔데스

  満期 만기 / 有効期間 유효 기간

- 최근 운전면허를 갱신했어요.

  → 最近運転免許を更新しました。

  사이낑 운뗀멩꾜오 코-신시마시따

  更新する 갱신하다

- 음주 운전으로 면허를 취소당했어요.

  → 飲酒運転で免許を取り消されました。

  인슈운뗀데 멩꾜 토리께사레마시따

  飲酒 음주 / 取り消す 취소하다

- 넌 너무 난폭운전이라 같이 타기가 겁나.

  → あなたはとても荒っぽい運転だから、一緒に乗るのが怖い。

  아나따와 토떼모 아랍뽀이 운뗀다까라, 잇쇼니 노루노가 코와이

  荒っぽい 난폭하다 / 乗る (교통수단을) 타다 / 怖い 무섭다

- 너무 빠르잖아. 속도 좀 줄여.

  → 速すぎだ。スピード落とせよ。

  하야스기다. 스피-도 오또세요

  速い 빠르다 / スピード 스피드 / 落とす (정도를) 낮추다, 줄이다

- 조심해! 빨간 불이야!

  → 気をつけて! 赤信号だ!

  키오 츠께떼! 아까싱고-다!

  信号 신호

○ 안전벨트를 매라. → シートベルトをしめなさい。
시-토베루토오 시메나사이

シートベルト 안전벨트 / しめる 매다

○ 에어컨 좀 켜도 될까요? → エアコンちょっとつけてもいいですか。
에아콩 촛또 츠께떼모 이-데스까

エアコン 에어컨

○ 길을 잃은 것 같은데. → 道に迷ったようなんだけど。
미찌니 마욧따요-난다께도

迷う 헤매다, 방향을 잃다

○ 좌회전을 해야 하니, 좌측 차선으로 들어가. → 左折をしなきゃいけないから、左側の車線に入りなさい。
사세쯔오 시나캬 이께나이까라, 히다리가와노 샤센니 하이리나사이

左折 좌회전 / 左側 좌측 / 車線 차선

○ 직진해서 신호에서 좌회전하세요. → まっすぐ進んで信号の所で左に曲がりなさい。
맛스구 스슨데 싱고-노 토꼬로데 히다리니 마가리나사이

まっすぐ 똑바로, 곧장 / 進む 나아가다 / 曲がる 방향을 바꾸다

○ 다음 모퉁이에서 우회전해 주세요. → 次の角を右折してください。
츠기노 카도오 우세쯔시떼 쿠다사이

次 다음 / 角 길모퉁이, 모서리

Chapter 2. 131

주차

○ 주차장은 어디에 있나요?
→ 駐車場はどこにありますか。
츄-샤죠-와 도꼬니 아리마스까

駐車場 주차장

○ 건물 뒤에 주차장이 있습니다.
→ ビルの後ろに駐車場があります。
비루노 우시로니 츄-샤죠-가 아리마스

ビル 빌딩 / 後ろ 뒤(쪽)

○ 한 시간당 주차료는 얼마예요?
→ 一時間当たりの駐車料はいくらですか。
이찌지깡아따리노 츄-샤료-와 이꾸라데스까

当たり ~당, ~에 대해서 / 駐車料 주차료

○ 주차장은 만차입니다.
→ 駐車場は満車です。
츄-샤죠-와 만샤데스

満車 만차

○ 제가 주차해 드리겠습니다.
→ 私が止めます。
와따시가 토메마스

→ 私がやります。
와따시가 야리마스

↘ 보통 주차장에서 말하는 상황이므로 이렇게 말하면 어떤 의미인지 이해할 수 있습니다.

止める 멈추다

○ 주차금지! ➡ 駐車禁止!
チュウシャキンシ
쥬-샤 킨시!

교통 체증

○ 길이 꽉 막혔어요. ➡ 道は大渋滞でした。
みち だいじゅうたい
미찌와 다이쥬-따이데시따

渋滞 정체, 밀림

○ 고장 난 차 때문에 길이 딱 막혔어. ➡ 故障した車のために交通がマヒした。
こしょう くるま こうつう
코쇼-시따 쿠루마노 타메니 코-쯔-가 마히시따

故障 고장／マヒ 본래의 기능이나 활동이 정지됨

○ 오늘은 교통 체증이 아주 심한데요. ➡ 今日は交通渋滞がとてもひどいです。
きょう こうつうじゅうたい
쿄-와 코-쯔-쥬-따이가 토떼모 히도이데스

ひどい (정도가) 심하다

○ 왜 밀리는 거죠? ➡ どうして渋滞してるの?
じゅうたい
도-시떼 쥬-따이시떼루노?

○ 앞에서 교통사고가 난 것 같은데요. ➡ 前で交通事故が起きたようですが。
まえ こうつう じこ お
마에데 코-쯔-지꼬가 오끼따요-데스가

交通事故 교통사고

Chapter 2. 133

교통위반

○ 오른쪽 길 옆으로
  차를 세워 주세요.
→ 右側の道ぞいに車を止めてください。

미기가와노 미찌소이니 쿠루마오 토메떼 쿠다사이

右側 우측/ ぞい ~에 따라서

○ 면허증 좀
  보여 주시겠어요?
→ 免許証ちょっと見せてくれませんか。

멩꾜쇼- 춋또 미세떼 쿠레마셍까

免許証 면허증/ 見せる 보여 주다

○ 차에서
  내려 주시겠어요?
→ 車から降りてくれませんか。

쿠루마까라 오리떼 쿠레마셍까

降りる 내리다

○ 음주측정기를
  부십시오.
→ 飲酒測定器を吹いてください。

인슈소꾸떼-끼오 후이떼 쿠다사이

測定器 측정기/ 吹く 불다

○ 정지신호에서
  멈추지 않으셨어요.
→ 停止信号で止まりませんでした。

테-시싱고-데 토마리마센데시따

停止 정지

○ 제한속도를
  위반하셨어요.
→ 制限速度を違反しました。

세-겐소꾸도오 이한시마시따

制限 제한/ 速度 속도/ 違反 위반

134

○ 속도위반으로
　걸린 적 있습니까?
→ 速度違反で取り締まりにひっかかったことがありますか。

소꾸도이한데 토리시마리니 힉까갓따 코또가 아리마스까

取り締まる 단속하다/ ひっかかる 걸리다

○ 벌금은 얼마인가요?
→ 罰金はいくらですか。

박낑와 이꾸라데스가

罰金 벌금

○ 무단횡단을 하면
　안 됩니다.
→ 違反横断をしてはいけません。

이항오-당오 시떼와 이께마셍

違反横断 무단횡단

○ 이 차선은 좌회전
　전용입니다.
→ この車線は左折専用です。

코노 샤셍와 사세쯔 셍요-데스

専用 전용

○ 여기에서 우회전은
　안 됩니다.
→ ここでは右折はできません。

코꼬데와 우세쯔와 데끼마셍

→ ここでは右折禁止です。

코꼬데와 우세쯔 킨시데스

Chapter 2.　135

Chapter 3

나랑 친구할래요?

서먹하고 어색한 사이,
"오늘 날씨 좋죠!"로 말문을 터 볼까요?
여기에 있는 표현이면,
일본인 친구 사귀는 건 식은 죽 먹기!
커피 한잔 마시며 대화하다 보면,
금방 친해질 수 있을 거예요!

Unit 1 날씨 & 계절

Unit 2 명절 & 기념일

Unit 3 음주

Unit 4 흡연

Unit 5 취미

Unit 6 반려동물

Unit 7 식물 가꾸기

Words

○ **天気** てんき 텡끼
명 날씨, 일기

○ **太陽** たいよう 타이요- 명 태양

○ **日** ひ 히 명 해, 태양

○ **雲** くも 쿠모
명 구름

○ **雨** あめ 아메
명 비

○ **春** はる 하루
명 봄

○ **夏** なつ 나쯔
명 여름

○ **秋** あき 아끼
명 가을

○ **冬** ふゆ 후유
명 겨울

○ **スポーツ** スポーつ 스포-츠
= **運動** うんどう 운도-
명 스포츠, 운동

○ **音楽** おんがく 옹가꾸
= **ミュージック** 뮤-직쿠
명 음악

○ **映画** えいが 에-가
명 영화

○ **写真** しゃしん 샤싱
명 사진

○ **犬** いぬ 이누
명 개

○ **猫** ねこ 네꼬
명 고양이

○ **木** き 키
명 나무

○ **花** はな 하나
명 꽃

Chapter 3. 139

Unit 1 날씨 & 계절

날씨 묻기

- 오늘 날씨 어때요?
  → 今日の天気どうですか。
  쿄-노 텡끼 도-데스까

  → 今日どんな天気ですか。
  쿄- 돈나 텡끼데스까

  天気 날씨

- 바깥 날씨 어때요?
  → 外の天気どうですか。
  소또노 텡끼 도-데스까

- 내일 날씨는 어떨까요?
  → 明日の天気はどうでしょうか。
  아시따노 텡끼와 도-데쇼-까

- 오늘은 날씨가 참 좋죠?
  → 今日は天気が本当にいいでしょう?
  쿄-와 텡끼가 혼또-니 이-데쇼-?

  ↘ 今日の天気は~라고도 할 수 있어요.

○ 이런 날씨 좋아하세요? → こんな天気好きですか。
콘나 텡끼 스끼데스까

→ このような天気好きですか。
코노 요-나 텡끼 스끼데스까

○ 오늘 몇 도예요? → 今日何度ですか。
쿄- 난도데스까

度 ~도

일기예보

○ 오늘 일기예보 어때요? → 今日の天気予報どうですか。
쿄-노 텡끼요호- 도-데스까

天気予報 일기예보

○ 내일 일기예보 아세요? → 明日の天気予報知ってますか。
아시따노 텡끼요호- 싯떼마스까

→ 明日の天気予報見ましたか。
아시따노 텡끼요호- 미마시따까

知る 알다

- 일기예보에서는 맑다고 했습니다. → 天気予報では晴れだと言っていました。

  텡끼요호-데와 하레다또 잇떼이마시따

  晴れる 날씨가 맑아지다

- 일기예보에 의하면 내일은 비가 온다고 합니다. → 天気予報によると明日は雨だそうです。

  텡끼요호-니요루또 아시따와 아메다소-데스

  によると ~에 의하면

- 오늘 일기예보로는, 오전 중은 흐리고, 오후는 비가 옵니다. → 今日の天気予報では、午前中は曇り、午後は雨です。

  쿄-노 텡끼요호-데와, 고젠쮸-와 쿠모리, 고고와 아메데스

  午前 오전 / 曇り 흐림 / 午後 오후

- 일기예보를 확인해 봐. → 天気予報を確認してみて。

  텡끼요호-오 카꾸닌시떼 미떼

  確認する 확인하다

- 오늘 일기예보는 맞았네요. → 今日の天気予報は当たりましたね。

  쿄-노 텡끼요호-와 아따리마시따네

- 일기예보가 빗나갔다. → 天気予報が外れた。

  텡끼요호-가 하즈레따

  外れる 빗나가다

- 일기예보는 믿을 수 없어요. → 天気予報は信じられません。

  텡끼요호-와 신지라레마셍

  信じる 믿다

○ 일기예보는 안 맞는 경우도 많으니까요. ➡ 天気予報は外れることも多いからね。
텡끼요호-와 하즈레루 코또모 오-이까라네

○ 곳에 따라 흐리고 때때로 비. ➡ ところにより曇り時々雨。
토꼬로니요리 쿠모리 토끼도끼 아메

맑은 날

○ 오늘은 맑아요. ➡ 今日は晴れです。
쿄-와 하레데스

➡ 今日はいい天気です。
쿄-와 이- 텡끼데스

○ 오늘은 날씨가 화창하네요. ➡ 今日はのどかな天気ですね。
쿄-와 노도카나 텡끼데스네

のどかだ 화창하다

Chapter 3.

○ 최근 날씨가
　계속 좋네요.
→ 最近天気がずっといいですね。

사이낑 텡끼가 즛또 이-데스네

→ このところすばらしい天気が続いていますね。

코노또꼬로 스바라시- 텡끼가 츠즈이떼 이마스네

このところ 요즘/ すばらしい 훌륭하다, 굉장하다/ 続く 계속되다, 지속되다

○ 햇볕이 아주 좋아요.
→ 日ざしがとても気持ちいいです。

히자시가 토떼모 키모찌이-데스

日ざし 햇볕, 햇살/ 気持ちいい 기분이 좋다

○ 오늘은 햇볕이
　따갑군.
→ 今日は日ざしが強い。

쿄-와 히자시가 츠요이

強い 강하다

○ 활짝 갰군요.
→ からっとしていますね。

카랏또시떼이마스네

からっと 활짝

○ 오늘 오후에는
　개일 것 같아요.
→ 今日の午後には晴れるようです。

쿄-노 고고니와 하레루요-데스

○ 날씨가 개었어요.
→ 晴れてきましたよ。

하레떼끼마시따요

○ 내일 날씨가 개면 → 明日晴れるといいんだがなあ。
좋을 텐데.
아시따 하레루또 이인다가나-

○ 내일은 날이 개도록, → 明日は晴れるように、てるてる
인형을 장식해야지. 坊主を作って飾ろう。
아시따와 하레루요-니 테루떼루보-즈오 츠꿋떼 카자로-

↳ てるてる坊主는 날이 개길 빌며 처마 끝에 매다는 종이 인형으로, 날이 개면 먹으로 눈동자를 그려 넣기도 합니다.

飾る 장식하다

흐린 날

○ 날씨가 궂어요. → 天気が悪いです。
텡끼가 와루이데스

○ 날이 흐려졌어요. → 曇ってきました。
쿠못떼 키마시따

曇る (날씨가) 흐리다, 흐려지다

○ 아주 흐려요. → とても曇ってます。
토떼모 쿠못떼마스

- 별안간 하늘이 흐려졌어요. → 急に空が曇りました。

  큐-니 소라가 쿠모리마시따

  急に 갑자기 / 空 하늘

- 하루 종일 흐려 있었어요. → 一日中曇っていました。

  이찌니찌쥬- 쿠못떼 이마시따

  一日中 하루 종일

- 날씨가 우중충해요. → 天気がうっとうしいです。

  텡끼가 웃또-시-데스

  うっとうしい 음울하다

- 우중충한 날씨군요. → うっとうしい天気ですね。

  웃또-시- 텡끼데스네

비 오는 날

- 비가 와요. → 雨が降っています。

  아메가 훗떼이마스

  降る (비, 눈, 서리 등이) 내리다, 오다

- 비가 뚝뚝 떨어지기 시작했어요.
  → 雨がぽつりぽつりと降りだした。
  아메가 포쯔리뽀쯔리또 후리다시따
  ぽつりぽつり 뚝뚝(빗방울, 물방울이 떨어지는 모양)

- 비가 심하게 오는군요.
  → 雨がひどい降りですねえ。
  아메가 히도이 후리데스네-

- 비가 멈추지 않고 계속 온다.
  → 雨がやみません。
  아메가 야미마셍
  やむ 멈추다

- 그저 지나가는 비예요.
  → たんなる通り雨ですよ。
  탄나루 토-리 아메데스요
  たんなる 단순한

- 비가 억수같이 퍼붓는데요.
  → バケツをひっくりかえしたようだ。
  바케츠오 힛꾸리까에시따요-다
  → 土砂降りですね。
  도샤부리데스네
  バケツ 바스켓, 들통/ ひっくりかえす 뒤집다/
  土砂降り 비가 억수같이 쏟아짐

- 금방 비가 올 것 같아요.
  → すぐ雨が降るみたいです。
  스구 아메가 후루미따이데스

Chapter 3. 147

- 비가 올 것 같으니, 우산을 갖고 가.
  → 雨が降りそうですから、傘を持って行きなさい。
  아메가 후리소-데스까라, 카사오 못떼 이끼나사이
  傘 우산

- 길에서 소나기를 만났습니다.
  → 道でにわか雨に会いました。
  미찌데 니와까아메니 아이마시따

- 빗발이 약해졌습니다.
  → 雨がこぶりになりました。
  아메가 코부리니나리마시따

- 이제 비가 그쳤나요?
  → もう雨が止みましたか。
  모- 아메가 야미마시따까

- 그는 '비를 몰고 다니는 남자'라고 불리고 있어요.
  → 彼は「あめおとこ」と呼ばれています。
  카레와 '아메오또꼬'또 요바레떼이마스

  ↳ はれおとこは '맑은 남자'라는 뜻으로, 무슨 일을 하거나 어디를 가든 그가 있으면 항상 날이 맑다는 의미입니다.

천둥 & 번개

○ 천둥이 치고 있어요. → 雷が鳴っています。
카미나리가 낫떼이마스

雷 천둥/ 鳴る 울리다

○ 번개가 쳐요. → 稲妻が走ります。
이나즈마가 하시리마스

稲妻 번개/ 走る 순간적으로 움직이다, 달리다

○ 천둥이 심하네! → 雷がひどいです!
카미나리가 히도이데스!

○ 천둥소리에 놀랐습니다. → 雷の音にびっくりしました。
카미나리노 오또니 빗꾸리시마시따

びっくりする 깜짝 놀라다

○ 번개가 치자 천둥소리가 울렸다. → 稲光が走り雷鳴が聞こえた。
이나비까리가 하시리 라이메-가 키꼬에따

稲光 번개/ 雷鳴 천둥

○ 밤새 천둥소리가 울렸어요. → 夜通し雷が鳴っていました。
요도오시 카미나리가 낫떼 이마시따

Chapter 3.   149

○ 내일은 천둥을 동반한 비가 예상됩니다. → 明日は雷を伴った雨が予想されます。

아시따와 카미나리오 토모낫따 아메가 요소-사레마스
伴う 동반하다/ 予想する 가능하다

봄 날씨

○ 봄이 코 앞에 다가왔어요. → 春がもうすぐ目の前に迫ってきました。

하루가 모-스구 메노 마에니 세맛떼 키마시따
迫る 다가오다, 다가가다

○ 봄 날씨치고는 꽤 춥네요. → 春の天気と言うわりにはかなり寒いですね。

하루노 텡끼또 이우 와리니와 카나리 사무이데스네
わりに 비교적/ かなり 꽤, 상당히/ 寒い 춥다

○ 봄 기운이 완연하네요. → 春の雰囲気がはっきり現れてきました。

하루노 훙이끼가 학끼리 아라와레떼 키마시따
雰囲気 분위기/ はっきり 확실히/ 現れる 나타나다

○ 봄은 날씨가 변화무쌍해요. → 春は天気が変わりやすいです。

하루와 텡끼가 카와리야스이데스

○ 날씨가 따뜻해요. → 暖かい天気です。

아따따까이 텡끼데스

暖かい 따뜻하다

○ 오늘은 따스하군요. ➡今日はぽかぽか暖かいですね。

쿄-와 포까뽀까 아따따까이데스네

ぽかぽか 따뜻하게 느끼는 모양

○ 이 시기치고는 제법 따뜻하군요. ➡この時期にしてはかなり暖かいですね。

코노 지끼니시떼와 카나리 아따따까이데스네

時期 시기/ ~にしては ~치고는

○ 꽃구경하는 계절이야. ➡花見の季節だね。

하나미노 키세쯔다네

花見 꽃구경/ 季節 계절

○ 벚꽃이 피었어. ➡桜が咲いたよ。

사꾸라가 사이따요

桜 벚꽃/ 咲く 피다

○ 오늘은 강한 남풍이 불었어요. ➡今日は春一番が吹きました。

쿄-와 하루이찌방가 후끼마시따

春一番 겨울이 끝날 무렵에 최초로 부는 강한 남풍

○ 그는 봄을 타요. ➡彼は春になるとゆううつになります。

카레와 하루니나루또 유-우쯔니나리마스

○ 계절 중에 봄이 제일 기분이 좋아요. ➡季節の中で春が一番気持ちがいいです。

키세쯔노 나까데 하루가 이찌방 키모찌가 이-데스

Chapter 3.   151

황사

- 황사가 올 거 같아.
  → 黄砂が飛んでくるみたい。
  코-사가 톤데 쿠루미따이

  黄砂 황사

- 또, 황사의 계절이 되었어요.
  → また、黄砂の季節になりました。
  마따, 코-사노 키세쯔니나리마시따

- 황사가 올 때는 외출을 삼가는 것이 좋아요.
  → 黄砂が来る時は外出をしない方がいいです。
  코-사가 쿠루 토끼와 가이슈쯔오 시나이 호-가 이-데스

- 황사는 매년 봄에, 한반도에 몰려 옵니다.
  → 黄砂は毎年春に、韓半島に来ます。
  코-사와 마이토시 하루니, 캉한토-니 키마스

- 극심한 황사 현상으로 가시거리가 50m 이하로 떨어졌습니다.
  → 激しい黄砂現象で可視距離が50メートル以下に落ちました。
  하게시- 코-사겐쇼-데 카시꾜리가 고쥬-메-토루이까니 오찌마시따

激しい 기세가 강하다 / 現象 현상 / 可視距離 가시거리 / メートル 미터(m) / 以下 이하 / 落ちる 떨어지다

여름 날씨

○ 정말 덥네요.
→ 本当に暑いです。
혼또-니 아쯔이데스

暑い 덥다

○ 올 여름은 특히 더워요.
→ 今年の夏は特に暑いです。
코또시노 나쯔와 토꾸니 아쯔이데스

特に 특히

○ 오늘은 상당히 덥군요.
→ 今日はかなり暑いですね。
쿄-와 카나리 아쯔이데스네

○ 점점 더워지고 있어요.
→ いよいよ暑くなっています。
이요이요 아쯔꾸낫떼 이마스

いよいよ 점점

○ 너무 더워.
→ 暑すぎるよ。
아쯔스기루요

○ 여름은 후덥지근해요.
→ 夏は蒸し暑いです。
나쯔와 무시아쯔이데스

- 찌는 듯이 더워요. → 蒸し暑いです。
  무시아쯔이데스

  蒸し暑い 무덥다

- 푹푹 찌네요! → ムシムシしますね!
  무시무시시마스네!

  ムシムシ 무더운 모양

- 찜 찌듯 더워서 숨쉬기 괴로워. → ムシムシして息苦しい。
  무시무시시떼 이끼구루시-

  息苦しい 숨이 막히다, 답답하다

- 이 더위에는 견딜 수 없습니다. → この暑さには耐えられません。
  코노 아쯔사니와 타에라레마셍

  暑さ 더위 / 耐える 견디다, 참다

- 오늘도 다시 더워질 것 같군요. → 今日もまた暑くなりそうですよ。
  쿄-모 마따 아쯔꾸나리소-데스요

- 이 시기치고는 너무 덥네요. → この時期のわりにはとても暑いです。
  코노 지끼노 와리니와 토떼모 아쯔이데스

- 오늘이 이번 여름에 가장 더운 날이래요. → 今日はこの夏一番暑い日だそうです。
  쿄-와 코노나쯔 이찌방 아쯔이 히다소-데스

○ 이 더위가 언제까지 지속될까요? → この暑さがいつまで続くのでしょうか。
코노 아쯔사가 이쯔마데 츠즈꾸노데쇼-까

○ 이제 여름도 끝나네. → もう夏も終わりだね。
모- 나쯔모 오와리다네

○ 올 여름은 예년보다 기온이 낮습니다. → 今年は冷夏です。
코또시와 레-까데스

冷夏 평년보다 기온이 낮은 여름

○ 열대야가 계속되고 있어. → 熱帯夜が続いている。
넷따이야가 츠즈이떼 이루

熱帯夜 열대야

○ 그녀는 더위를 탑니다. → 彼女は暑がりです。
카노죠와 아쯔가리데스

暑がり 몹시 더위를 탐, 또는 그런 사람

○ 저는 더위를 먹었어요. → 私は夏バテしました。
와따시와 나쯔바테시마시따

夏バテ 여름을 탐

Chapter 3. 155

태풍

- 태풍이 다가오고 있어요.
  → 台風が近づいています。
  타이후-가 치까즈이떼 이마스

  台風 태풍

- 태풍은 밤 사이에 지나간 것 같은데요.
  → 台風は夜のうちに通りすぎたみたいですね。
  타이후-와 요루노 우찌니 토오리스기따미따이데스네

- 태풍 때문에 파도가 높아요.
  → 台風のために波が高いです。
  타이후-노 타메니 나미가 타까이데스

  波 파도

- 태풍은 지금 어디에 있을까요?
  → 台風は今どのへんでしょうか。
  타이후-와 이마 도노헨데쇼-까

- 태풍이 동해안에 상륙했습니다.
  → 台風が東の海岸に上陸しました。
  타이후-가 히가시노 카이간니 죠-리꾸시마시따

  海岸 해안/ 上陸 상륙

- 바람이 심하게 불고 있군요.
  → 風が強く吹いていますね。
  카제가 츠요꾸 후이떼 이마스네

  風を吹く 바람이 불다

장마

- 장마철에 접어들었어요.
  → 梅雨に入りました。
  츠유니 하이리마시따

  梅雨 장마

- 장마전선이 북상하고 있습니다.
  → 梅雨前線が北上しています。
  바이우 젠셍가 호꾸죠-시떼 이마스

  梅雨前線 9월 중순에서 10월 중순에 일본 부근에 동서로 머물러 있는 장마전선/ 北上 북상

- 장마철에는 날씨가 오락가락해요.
  → 梅雨時には天気が不安定です。
  츠유도끼니와 텡끼가 후안떼-데스

  不安定 불안정

- 장마가 개서 다행이군요.
  → 梅雨が開けてよかったですね。
  츠유가 아께떼 요깟따데스네

- 장마가 끝났어요.
  → 梅雨が終わりました。
  츠유가 오와리마시따

  → 梅雨が明けました。
  츠유가 아께마시따

Chapter 3. 157

가뭄

○ 가뭄으로 식물들이 시들어요.
→ 日照りで植物が枯れます。
히데리데 쇼꾸부쯔가 카레마스

日照り 가뭄/ 植物 식물/ 枯れる 마르다, 시들다

○ 사상 최악의 가뭄이 될 거라네요.
→ 史上最悪の日照りになると言います。
시죠- 사이아꾸노 히데리니나루또 이-마스

史上 (역)사상

○ 이번 가뭄으로 농작물이 큰 피해를 입었어요.
→ 今回の日照りで農作物が大きな被害にあいました。
콘까이노 히데리데 노-사꾸모쯔가 오-끼나 히가이니 아이마시따

農作物 농작물/ 被害 피해

○ 올 여름은 가뭄이 장기간 지속될 예상입니다.
→ 今年の夏は日照りが長期間続く予想です。
코또시노 나쯔와 히데리가 쵸-끼깐 츠즈꾸 요소-데스

○ 오랜 가뭄으로 댐 수위가 낮아졌습니다.
→ 長い日照りによってダムの水位が下がりました。
나가이 히데리니 욧떼 다무노 스이-가 사가리마시따

ダム 댐/ 水位 수위/ 下がりる 내려가다

홍수

- 매년 이 시기는 홍수가 나요.
  → 毎年この時期は洪水になります。
  마이또시 코노 지끼와 코-즈이니 나리마스

  洪水 홍수

- 이 지역은 홍수 취약 지역이에요.
  → ここは洪水多発地域です。
  코꼬와 코-즈이 타하쯔 치이끼데스

  多発 많이 발생함/ 地域 지역

- 홍수로 그 다리가 떠내려갔어요.
  → 洪水で橋が押し流されました。
  코-즈이데 하시가 오시나가사레마시따

  橋 다리/ 押し流す 흘러가게 하다

- 홍수로 집도 농작물도 송두리째 떠내려갔습니다.
  → 洪水で家も作物も根こそぎ流されました。
  코-즈이데 이에모 사꾸모쯔모 네꼬소기 나가사레마시따

  作物 작물, 농작물/ 根こそぎ 뿌리째 뽑음/ 流す 흐르게 하다

- 작년의 대규모 홍수로 인한 피해는 막대했어요.
  → 去年の大規模洪水による被害は甚大でした。
  쿄넨노 다이끼보 코-즈이니 요루 히가이와 진다이데시따

  大規模 대규모/ 甚大 몹시 큼

Chapter 3.

가을 날씨

○ 어느덧 가을이 왔어요.
→ いつのまにか 秋が来ました。
이쯔노마니까 아끼가 키마시따

いつのまにか 어느새인가

○ 가을로 접어들었어요.
→ 秋に入りました。
아끼니 하이리마시따

○ 서늘해요.
→ 涼しいです。
스즈시-데스

涼しい 시원하다, 서늘하다

○ 가을 바람이 살랑살랑 붑니다.
→ 秋風がそよそよと吹きます。
아끼까제가 소요소요또 후끼마스

秋風 가을 바람/ **そよそよ** 산들산들

○ 가을 기운이 완연합니다.
→ 秋の雰囲気がはっきり現れます。
아끼노 훙이끼가 학끼리 아라와레마스

○ 가을은 눈 깜짝할 사이에 지나갔어요.
→ 秋は瞬く間に通り過ぎました。
아끼와 마따따꾸마니 토-리스기마시따

瞬く間 눈 깜짝할 사이/ **通り過ぎる** 지나가다

- 가을이 벌써 지나간 것 같아요.
→ 秋はもう終わりのようですね。
아끼와 모- 오와리노요-데스네

- 가을은 '천고마비'의 계절입니다.
→ 秋は「天高く馬肥ゆる秋」です。
아끼와 '텡 따까꾸 우마코유루 아끼'데스

天高く馬肥ゆる 천고마비

- 가을은 독서의 계절입니다.
→ 秋は読書の季節です。
아끼와 도꾸쇼노 키세쯔데스

読書 독서

- 가을은 여행하기에 좋은 계절이죠.
→ 秋は旅行するのにいい季節です。
아끼와 료꼬-스루노니 이- 키세쯔데스

旅行 여행

- 가을은 결실의 계절입니다.
→ 秋は実りの季節です。
아끼와 미노리노 키세쯔데스

実り 결실

- 가을이 되면 식욕이 좋아져요.
→ 秋になると食欲が増します。
아끼니 나루또 쇼꾸요꾸가 마시마스

食欲 식욕 / 増す 많아지다

- 저 높푸른 가을 하늘을 봐.
→ あの高く青い秋の空を見て。
아노 타까꾸 아오이 아끼노 소라오 미떼

Chapter 3. 161

단풍

○ 단풍이 제철이에요. → 紅葉が見ごろです。
모미지가 미고로데스

紅葉 단풍

○ 가을에는 단풍놀이가 최고예요. → 秋には紅葉狩りが最高です。
아끼니와 모미지가리가 사이꼬-데스

紅葉狩り 단풍놀이/ 最高 최고

○ 나뭇잎이 붉게 물들고 있어요. → 木の葉が赤く染まっています。
코노하가 아까꾸 소맛떼 이마스

木の葉 나뭇잎/ 染まる 물들다

○ 가을이면 낙엽이 져요. → 秋になると[には]葉が落ちます。
아끼니나루또[니와] 하가 오찌마스

○ 은행나무가 노랗게 물들기 시작했어요. → 銀杏が黄色く染まり始めました。
이쬬-가 키이로꾸 소마리하지메마시따

銀杏 은행나무

○ 다음 주말에 단풍놀이를 갈 거예요. → 来週末に紅葉狩りに行くつもりです。
라이슈-마쯔니 모미지가리니 이꾸쯔모리데스

겨울 날씨

○ 드디어 겨울이군. → いよいよ冬だね。
이요이요 후유다네

○ 겨울이 다가오는 것 같아요. → 冬が近づいています。
후유가 치까즈이떼 이마스

近づく 접근하다

○ 점점 추워지고 있어요. → だんだん寒くなっています。
단당 사무꾸낫떼 이마스

だんだん 점점

○ 따뜻한 겨울입니다. → 暖冬です。
단또-데스

暖冬 평년보다 따뜻한 겨울

○ 추위가 많이 누그러졌어요. → 寒さが大分和らぎました。
사무사가 다이붕 야와라기마시따

寒さ 추위/ 大分 상당히/ 和らぐ 누그러지다, 온화해지다

○ 올 겨울은 이상하게 포근하네요. → 今年の冬はめずらしく暖かいですね。
코또시노 후유와 메즈라시꾸 아따따까이데스네

めずらしい 드물다, 이상하다

○ 동장군이 기승을 → 冬将軍まっさかりですね。
　부리고 있네요.
　　　　　　　　　후유쇼-군 맛사까리데스네

　　　　　　　　　　　　　　冬将軍 동장군/ まっさかり 한창(때)

○ 지구온난화 때문에 → 地球温暖化のため冬の気温
　겨울 기온이 점점　　がだんだん上がっています。
　올라가고 있어요.
　　　　　　　　　치뀨-온당까노 타메 후유노 키옹가 단당 아갓떼 이마스
　　　　　　　　　　　地球温暖化 지구온난화/ 気温 기온/ 上がる 올라가다

○ 추워서 덜덜 떨려요. → 寒くてぶるぶる震えます。
　　　　　　　　　사무꾸떼 부루부루 후루에마스

　　　　　　　　　ぶるぶる 부들부들(추위, 두려움으로 떠는 모양)/
　　　　　　　　　　　　　　震える 떨리다, 흔들리다

○ 뼛속까지 추워요. → 骨の髄まで寒いです。
　　　　　　　　　호네노 즈이마데 사무이데스

　　　　　　　　　骨の髄まで 뼛속까지/ たまる 모이다, 고이다

○ 저는 추워서 → 私は寒くてたまりません。
　죽겠습니다.
　　　　　　　　　와따시와 사무꾸떼 타마리마셍

　　　　　　　　　~たまりません ~해서 죽겠습니다, ~ 참을 수 없습니다

○ 저는 겨울에 추위를 → 私は寒がりです。
　많이 타요.
　　　　　　　　　와따시와 사무가리데스

○ 저는 겨울에, → 私は冬、風邪をよく引きます。
　감기에 잘 걸려요.
　　　　　　　　　와따시와 후유, 카제오 요꾸 히끼마스

눈

○ 함박눈이 내려요. ➡ **牡丹雪が降ります。**
보땅유끼가 후리마스

牡丹雪 함박눈

○ 이것이 첫눈이군요. ➡ **これは初雪ですね。**
코레와 하쯔유끼데스네

初雪 첫눈

○ 눈이 펑펑 내리고 있어요. ➡ **雪がこんこんと降っています。**
유끼가 콩콘또 훗떼 이마스

こんこん 펄펄(눈, 비가 내리는 모양)

○ 눈보라가 치네요. ➡ **吹雪が来てますね。**
후부끼가 키떼마스네

吹雪 눈보라

○ 눈이 드문드문 내리기 시작했어요. ➡ **雪がぽつりぽつりと降り始めました。**
유끼가 포쯔리뽀쯔리또 후리하지메마시따

○ 어제부터 내린 대설로 꼼짝달싹 못하고 있다. ➡ **昨日からの大雪で身動きがとれなくなっている。**
키노-까라노 오-유끼데 미우고끼가 토레나꾸낫떼이루

身動き 몸의 움직임

Chapter 3. 165

Unit 2 명절 & 기념일　　　　MP3. C3_U2

설날

○ 새해를 맞이하다.
→ 年を越す。
토시오 코스

→ 迎春。
게-슌

→ 新年を迎える。
신넹오 무까에루
越す 넘어가다/ 迎春 새해를 맞음/ 迎える 맞이하다

○ 새해 복 많이 받으세요.
→ 新年おめでとうございます。
신넹 오메데또-고자이마스

→ 新年明けましておめでとうございます。
신넹 아케마시떼 오메데또-고자이마스

○ 새해가 다가온다.
→ 新年が近づいて来る。
신넹가 치까즈이떼 쿠루

○ 새해에도 평안하고 행복하기 바랍니다.
→ 新年にも平安で幸せになるように願います。
신넨니모 헤-안데 시아와세니 나루요-니 네가이마스
平安 평안/ 幸せ 행복, 운이 좋은

○ 한국인은 설날에 한 살 더 먹습니다.
→ 韓国人は元旦にひとつ年を取ります。

캉꼬꾸징와 간딴니 히또쯔 토시오 토리마스

元旦 설날

새해 결심

○ 신년 결심으로 뭐 세웠어?
→ 何か新年の決心をした？

나니까 신넨노 켓싱오 시따?

決心 결심

○ 제 새해 결심은 금주예요.
→ 私の新年の決心は禁酒です。

와따시노 신넨노 켓싱와 킨슈데스

禁酒 금주

○ 난 새해 결심을 지킬 거야.
→ 私は新年の決心を守るつもりだ。

와따시와 신넨노 켓싱오 마모루 츠모리다

↳ ~だ는 남자가 사용하는 어미입니다.
여성은 문장 끝에 ~よ라고 합니다.

守る 지키다

○ 저는 지금까지 새해 결심을 실천한 적이 한 번도 없어요.
→ 私は今まで新年の決心を守ったことが一度もありません。

와따시와 이마마데 신넨노 켓싱오 마못따 코또가 이찌도모 아리마셍

- 이번에야말로 작심삼일이 되지 않도록 해야지.
→ 今度こそ三日坊主にならないようにしないと。
콘도꼬소 믹까보-즈니 나라나이요-니 시나이또
三日坊主 작심삼일

크리스마스

- 크리스마스에 보통 뭐 해요?
→ クリスマスに普通何をしますか。
쿠리스마스니 후쯔- 나니오 시마스까

- 올해 크리스마스는 목요일이네.
→ 今年のクリスマスは木曜日だね。
코또시노 쿠리스마스와 모꾸요-비다네떼

- 어린이들은 크리스마스이브에 양말을 걸어 둡니다.
→ 子供たちはクリスマスイブに靴下を掛けて置きます。
코도모따찌와 쿠리스마스 이부니 쿠쯔시따오 카께떼 오끼마스

クリスマスイブ 크리스마스이브/ **靴下** 양말/ **掛ける** 걸다

- 기독교인은 크리스마스 예배를 드리러 교회에 간다.
→ クリスチャンはクリスマスの礼拝をするために教会へ行く。
쿠리스챵와 쿠리스마스노 레-하이오 스루 타메니 쿄-까이에 이꾸
クリスチャン 기독교인/ **礼拝** 예배/ **教会** 교회

- 크리스마스트리를 만들자.
  → クリスマスツリーを作りましょう。
  쿠리스마스츠리-오 츠꾸리마쇼-
  クリスマスツリー 크리스마스트리

- 크리스마스카드를 쓰고 있어요.
  → クリスマスカードを書いています。
  쿠리스마스카-도오 카이떼 이마스
  クリスマスカード 크리스마스카드/ 書く 쓰다

- 크리스마스 선물은 꼭 사야 한다고 생각해요.
  → クリスマスプレゼントは必ず買わなければならないと思います。
  쿠리스마스 푸레젠토와 카나라즈 카와나께레바 나라나이또 오모이마스

  クリスマスプレゼント 크리스마스 선물/ 買う 사다

- 크리스마스 선물이 뭔지 말해 줘.
  → クリスマスプレゼントが何なのか言ってくれる。
  쿠리스마스 푸레젠토가 난나노까 잇떼 쿠레루

- 난 크리스마스 선물로 새 구두를 받고 싶다.
  → 私はクリスマスプレゼントに新しい靴が欲しい。
  와따시와 쿠리스마스 푸레젠토니 아따라시- 쿠쯔가 호시-
  靴 신발, 구두

Chapter 3. 169

생일

○ 오늘이 바로
  내 생일이야.
→ 今日がまさに私の誕生日だ。

쿄-가 마사니 와따시노 탄죠-비다

まさに 바야흐로, (이제) 막/ 誕生日 생일

○ 내일이 아키야마 씨
  생일인 것 알고
  있어요?
→ 明日が秋山さんの誕生日であること知ってますか。

아시따가 아끼야마산노 탄죠-비데아루 코또 싯떼마스까

○ 오늘이 내 생일인 것
  어떻게 알았어?
→ 今日が私の誕生日であることどうして分かったの?

쿄-가 와따시노 탄죠-비데 아루 코또 도-시떼 와깟따노?

○ 하마터면,
  여자 친구의 생일을
  잊어버릴 뻔했다.
→ もうすこしで、彼女[ガールフレンド]の誕生日を忘れるところだった。

모-스꼬시데, 카노죠[가-루후렌도]노 탄죠-비오 와스레루 토꼬로닷따

もうすこしで 하마터면, 자칫하면

○ 네 생일을 잊어 버려서
  미안해.
→ あなたの誕生日を忘れてごめんね。

아나따노 탄죠-비오 와스레떼 고멘네

- 우리는 생일 케이크에 초를 꽂았다.
  → 私たちは誕生日のケーキにろうそくを挿した。
  와따시따찌와 탄죠-비노 케-키니 로-소꾸오 사시따
  ケーキ 케이크/ ろうそく 양초/ 挿す 꽂다

- 이번 생일로 난 25살이 된다.
  → 今度の誕生日で私は25歳になる。
  콘도노 탄죠-비데 와따시와 니쥬-고사이니 나루

- 생일 파티를 위해 예약하려고 하는데요.
  → 誕生日のパーティーのために予約しようと思いますが。
  탄죠-비노 파-티-노 타메니 요야꾸시요-또 오모이마스가
  パーティー 파티/ 予約 예약

- 사토시 씨를 위해 생일 축하 노래를 불러요.
  → 聡さんのためにハッピーバースデーを歌いましょう。
  사또시산노 타메니 핫피-바-스데-오 우따이마쇼-
  ハッピーバースデー 생일 축하합니다/ 歌う 노래하다

- 그가 오기 전에 생일 선물을 포장해 둬.
  → 彼が来る前に誕生日プレゼントを包装しておいて。
  카레가 쿠루 마에니 탄죠-비 푸레젠토오 호-소-시떼 오이떼
  包装 포장

축하

- 축하해!
  → おめでとう!
  오메데또-!

- 축하합니다! ➡ おめでとうございます!
  오메데또-고자이마스!

- 생일 축하합니다! ➡ お誕生日おめでとうございます!
  오딴죠-비 오메데또-고자이마스!

- 생일 축하해! ➡ お誕生日おめでとう!
  오딴죠-비 오메데또!

  ➡ ハッピーバースデー!
  합뻬-바-스데-!

- 결혼 축하해요. ➡ ご結婚おめでとう。
  고껙꼰 오메데또-

- 신의 축복이 있기를! ➡ 神様の祝福がありますように!
  카미사마노 슈꾸후꾸가 아리마스요-니!

  ➡ 祝福します!
  슈꾸후꾸시마스!

祝福 축복

○ 성공을 빌어요. → 成功を祈ります。
세-꼬-오 이노리마스

成功 성공 / 祈る 빌다

○ 행운을 빌어요. → 幸運を祈ります。
코-웅오 이노리마스

幸運 행운

○ 분명히 잘될 거예요. → きっとうまくいきますよ。
킷또 우마꾸 이끼마스요

きっと 꼭 / うまく 잘, 목적한 대로

○ 정말 잘됐어요. → 本当によかったです。
혼또-니 요깟따데스

○ 힘내세요. → 頑張って。
감밧떼

頑張る 분발하다

○ 고맙습니다. → ありがとうございます。
  당신도요.   あなたもよ。
아리가또-고자이마스. 아나따모요

○ 고맙습니다. → ありがとうございます。
  운이 좋았어요. 運がよかったです。
아리가또-고자이마스. 웅가 요깟따데스

運 운

Chapter 3. 173

Unit 3 음주

MP3. C3_U3

주량

- 어느 정도 술을 마십니까?
  → どのぐらいお酒飲みますか。
  도노구라이 오사께 노미마스까

- 넌 술고래야.
  → あなたはのんべえだ。
  아나따와 놈베-다

  のんべえ 술부대

- 전 술이 세서 거의 취하지 않아요.
  → 私は酒が強くてあまり酔わないです。
  와따시와 사께가 츠요꾸떼 아마리 요와나이데스

  酒に酔う 술에 취하다

- 저 녀석은 술꾼이야.
  → あいつは大酒飲みだ。
  아이쯔와 오-자께노미다

  大酒飲み 술고래

- 난 한번 마셨다 하면 끝장을 보는 쪽이다.
  → 一度飲み始めたら死ぬまで飲む方だ。
  이찌도 노미하지메따라 시누마데 노무호-다

  死ぬ 죽다

- 최근 주량이 늘었어요.
  → 最近お酒の量が増えました。
  사이낑 오사께노 료-가 후에마시따

- 전 맥주에는 잘 안 취해요.
➡ 私はビールではあまり酔わないです。
와따시와 비-루데와 아마리 요와나이데스

ビール 맥주

- 그는 과음하는 버릇이 있어요.
➡ 彼は飲み過ぎる癖があります。
카레와 노미스기루 쿠세가 아리마스

飲み過ぎる 과음하다

- 전 술이 약해요.
➡ 私は酒が弱いです。
와따시와 사께가 요와이데스

弱い 약하다

- 전 어느 쪽인지 말하자면 '못 한다'입니다.
➡ 私はどちらかと言うと「下戸」です。
와따시와 도찌라까또 이우또 '게꼬'데스

下戸 술을 못하는 사람

- 술을 조금 마셔도 얼굴이 빨갛게 돼요.
➡ お酒を少し飲んでも顔が赤くなります。
오사께오 스꼬시 논데모 카오가 아까꾸 나리마스

- 한 잔만 마셔도 바로 취해요.
➡ 一杯だけ飲んでもすぐ酔います。
잇빠이다께 논데모 스구 요이마스

과음

○ 그는 술 때문에 엉망이 됐어요.
→ 彼は酒で潰れました。
카레와 사께데 츠부레마시따

潰れる 엉망이 되다

○ 그는 술로 건강을 해쳤어요.
→ 彼は酒で健康をくずしました。
카레와 사께데 켕꼬-오 쿠즈시마시따

○ 그는 괴로움을 술로 달래려고 했어요.
→ 彼はつらさを酒でなぐさめようと思いました。
카레와 츠라사오 사께데 나구사메요-또 오모이마시따
つらさ 괴로움/ なぐさめる 달래다, 위로하다

○ 술을 안 마시고 지나간 날이 하루도 없어요.
→ 酒を飲まない日が一日もありません。
사께오 노마나이 히가 이찌니찌모 아리마셍

○ 술을 지나치게 마셔 곤드레만드레 취했어요.
→ 酒を飲みすぎて酔い潰れました。
사께오 노미스기떼 요이쯔부레마시따

술버릇

- 넌 술버릇 같은 것 있어?
  → あなた酒癖とかある?
  아나따 사께구세또까 아루?

  酒癖 술버릇

- 그는 술버릇이 나빠요.
  → 彼は酒癖が悪いです。
  카레와 사께구세가 와루이데스

- 술을 마시면 자꾸 웃어.
  → 酒を飲むとよく笑う。
  사께오 노무또 요꾸 와라우

  笑う 웃다

- 난 술을 마실 때마다 울어.
  → 私は酒を飲むたびに泣く。
  와따시와 사께오 노무 타비니 나꾸

  たびに ~할 때마다/ 泣く 울다

- 술을 마시고 우는 게 제일 안 좋은 버릇이야.
  → 酒を飲んで泣くのは一番悪い癖だ。
  사께오 논데 나꾸노와 이찌방 와루이 쿠세다

- 술취해서, 했던 말 또 하고 있잖아.
  → 酔っ払って、また同じことを言っているよ。
  욥빠랏떼, 마따 오나지 코또오 잇떼 이루요

술에 취함

- 벌써 꽤 취했어.
  → かなり[すごく]酔った。
  카나리[스고꾸] 욧따

  すごく 굉장히 / 酔う 몹시 취하다

- 술기운이 도는데.
  → 酒が回ってきた。
  사께가 마왓떼 키따

- 그는 술 한 병을 완전히 비웠다.
  → 彼は酒一本を完全にあけた。
  카레와 사께 입뽕오 칸젠니 아께따

  完全に 완전히

- 그는 맥주를 마시고 취해 버렸다.
  → 彼はビールを飲んで酔ってしまった。
  카레와 비-루오 논데 욧떼 시맛따

- 도대체 얼마나 마신 거야?
  → 一体どれほど飲んだの?
  잇따이 도레호도 논다노?

- 난 그렇게 안 취했어.
  → 私はそんなに酔っていない。
  와따시와 손나니 욧떼 이나이

- 어젯밤 술에 곤드레만드레 취했다.
  → 夕べはお酒でべろんべろんに酔った。
  유-베와 오사께데 베롬베론니 욧따
  べろんべろん 곤드레만드레

- 어젯밤, 밤새도록 술 마시고 놀았어요.
  → 昨晩、一晩中酒を飲んで遊びました。
  사꾸방, 히또반쥬- 사께오 논데 아소비마시따
  一晩中 밤새도록/ 遊ぶ 놀다

- (술을) 많이 마셔서 정신없이 해롱거렸다.
  → 飲んだくれた。
  논다꾸레따

- 앞뒤도 분간할 수 없이 술에 취했어요.
  → 前後の見境なく酔いつぶれました。
  젱고노 미사까이나꾸 요이쯔부레마시따
  前後 앞뒤/ 見境 분별/ 酔いつぶれる 만취해서 곤드레만드레가 되다

- 공복에 술을 마셔서 몹시 취했다.
  → 空きっ腹に酒を飲んでひどくよった。
  스낍빠라니 사께오 논데 히도꾸 욧따
  空きっ腹 공복

- 그는 혀가 꼬부라지도록 술을 마셨어요.
  → 彼はろれつが回らないほど酒を飲みました。
  카레와 로레쯔가 마와라나이호도 사께오 노미마시따

- → 彼は泥酔するまで酒を飲みました。
  카레와 데이스이스루마데 사께오 노미마시따
  ろれつが回らない (술에 취하거나 병 때문에) 혀가 잘 돌지 않아 말하는 것이 분명하지 않다/ 泥酔する 만취하다

Chapter 3. 179

술에 대한 충고

- 그녀에게 술을 마시지 말라고 충고했다.
  → 彼女に酒を飲むなと忠告した。
  카노죠니 사께오 노무나또 츄-꼬꾸시따

  忠告する 충고하다

- 취하도록 마시지 마.
  → 酔うほど飲むな。
  요우호도 노무나

- 인생을 술로 허송세월 하지 마.
  → 人生を酒で無駄にするな。
  진세-오 사께데 무다니 스루나

  人生 인생 / 無駄にする 헛되게 하다

- 홧김에 술 마시지 마세요.
  → 腹いせでお酒を飲まないでください。
  하라이세데 오사께오 노마나이데 쿠다사이

  腹いせ 화풀이

- 술 마시고 운전하는 것은 위험해.
  → 酒を飲んで運転するのは危険だ。
  사께오 논데 운뗀스루노와 키껜다

  危険 위험

- 술을 마시는 건 좋지만 정도가 문제지.
  → 酒を飲むのはいいけど量が問題だ。
  사께오 노무노와 이-께도 료-가 몬다이다

술에 대한 기호

- 한국인은 소주를 무척 즐겨 마십니다.
  ➡ 韓国人は焼酎をとても好んで飲みます。
  캉꼬꾸징와 쇼-쥬-오 토떼모 코논데 노미마스
  焼酎 소주 / 好む 좋아하다, 즐기다

- 한국인들은 술 마실 때 술잔을 돌립니다.
  ➡ 韓国人たちは酒を飲む時杯を回します。
  캉꼬꾸징따찌와 사께오 노무 또끼 하이오 마와시마스

- 전 맥주를 그다지 좋아하지 않아요.
  ➡ 私はビールがあまり好きじゃないです。
  와따시와 비-루가 아마리 스끼쟈나이데스

- 그는 스카치 위스키라면 사족을 못 쓰죠.
  ➡ 彼はスコッチとなると目がないです。
  카레와 스콧치토나루또 메가 나이데스

  スコッチ 스카치 위스키 / 目がない 열중하다, 매우 좋아하다

- 김빠진 맥주는 마시고 싶지 않아.
  ➡ 気の抜けたビールは飲みたくない。
  키노 누께따 비-루와 노미따꾸나이
  抜ける 빠지다

Chapter 3. 181

금주

○ 난 이제 술 끊을 거야. → 私はもう酒をやめるつもりだ。

와따시와 모- 사께오 야메루 츠모리다

○ 그는 더 이상 술을 마시지 않아. → 彼はもうこれ以上酒を飲まない。

카레와 모- 코레 이죠- 사께오 노마나이

以上 이상

○ 전 금주 중입니다. → 私は禁酒中です。

와따시와 킨슈쮸-데스

→ 私は断酒中です。

와따시와 단슈쮸-데스

断酒 금주

○ 전 술을 끊어서 더 이상 마시지 않습니다. → 私は酒をやめたので二度と飲みません。

와따시와 사께오 야메따노데 니도또 노미마셍

酒をやめる 술을 끊다

○ 다음 주부터 술을 끊기로 했습니다. → 来週からお酒をやめることにしました。

라이슈-까라 오사께오 야메루 코또니 시마시따

술 관련 기타

- 술은 입에도 대지 않아요.
  → 酒は一切飲んでいません。
  사께와 잇사이 논데 이마셍

  一切 전혀(뒤에 부정의 말이 따름)

- 입만 댈게요.
  → 飲むふりだけするよ。
  노무후리다께스루요

  ふり 체, 척

- 숙취는 없나요?
  → 二日酔いはありませんか。
  후쯔까요이와 아리마셍까

  二日酔い 숙취

- 숙취로 머리가 아파요.
  → 二日酔いで頭痛がします。
  후쯔까요이데 즈쯔-가 시마스

  頭痛 두통

- 숙취에서 깨어났어요.
  → 二日酔いが覚めました。
  후쯔까요이가 사메마시따

- 술을 마시니 정신이 자유로워지네요.
  → 酒を飲んで気が楽になりました。
  사께오 논데 키가 라꾸니 나리마시따

  楽 편안함

- 빈속에 술을 마셨어요.
→ 空腹に酒を飲みました。
쿠-후꾸니 사께오 노미마시따

→ 空きっ腹に酒を飲みました。
스낍빠라니 사께오 노미마시따

空腹 공복

- 넌 분위기 망치는 데 뭐 있어.
→ お前は雰囲気を台無しにする。
오마에와 훙이끼오 다이나시니 스루

台無しだ 아주 망가지다

- 술 마시고 싶은 것을 꾹 참았어요.
→ 酒を飲みたいのをぐっとこらえました。
사께오 노미따이노오 굿또 코라에마시따

ぐっと 확, 쭉(힘을 주어 단숨에 하는 모양)
こらえる 참다, 억누르다

- 이번엔 빼 줘.
  더 이상은
  못 마시겠어.
→ 今度はかんべんしてくれ。
  これ以上は飲めないよ。
콘도와 캄벤시떼 쿠레. 코레이죠-와 노메나이요
かんべんする 용서하다, 해야 할 일을 면해 주다

- 술김에 한 소리예요.
→ よった勢いでした話です。
욧따 이끼오이데 시따 하나시데스

勢い 기세

- 내가 술상을 차릴게요.
  → 私が酒を準備します。
  와따시가 사께오 쥼비시마스

- 마지막으로 술 마시러 간 것이 언제야?
  → 最後に飲みに行ったのはいつ？
  사이고니 노미니 잇따노와 이쯔?
  最後 최후

- 그것은 술이 없는 파티야.
  → それは酒のないパーティーだ。
  소레와 사께노 나이 파-티-다

- 자기 전에 한 잔 마시면 푹 잘 수 있을 거예요.
  → 寝る前に1杯飲めばぐっすり寝られると思います。
  네루 마에니 입빠이 노메바 굿스리 네라레루또 오모이마스

- 위스키 몇 잔[조금] 마시면 괜찮아질 거야.
  → ウィスキーを何杯か[少し]飲めばよくなると思うよ。
  위스키-오 남바이까[스꼬시] 노메바 요꾸 나루또 오모우요
  ウィスキー 위스키

- 소량의 술은 오히려 약이 돼요.
  → 少量の酒はむしろ薬になります。
  쇼-료-노 사께와 무시로 쿠스리니 나리마스
  少量 소량/ 薬 약

Chapter 3. 185

Unit 4 흡연

MP3. C3_U4

흡연

- 담배 한 대 피우시겠어요?
  → タバコ一本いかがですか。
  타바코 입뽕 이까가데스까

  タバコを吸う 담배를 피우다

- 하루에 어느 정도 피웁니까?
  → 一日どのくらい吸いますか。
  이찌니찌 도노꾸라이 스이마스까

- 여기에서 담배 피워도 될까요?
  → ここでタバコを吸ってもいいですか。
  코꼬데 타바코오 슷떼모 이-데스까

- 습관적으로 담배를 피워요.
  → 彼は習慣的にタバコを吸います。
  카레와 슈-깐떼끼니 타바코오 스이마스

  習慣的 습관적

- 그는 골초예요.
  → 彼はタバコ好きです。
  카레와 타바코즈끼데스

  → 彼はヘビースモーカーです。
  카레와 헤비-스모-카-데스

  ヘビースモーカー 골초

○ 난 담배를 그다지 →私はタバコをあまり多くは吸
  많이 피우지 않아요.   いません。

와따시와 타바코오 아마리 오-꾸와 스이마셍

○ 한 대 태우자. →一服しよう。

입뿌꾸 시요-

一服 담배를 한 대 피움

○ 담배 생각이 →タバコが無性に吸いたいです。
  간절한데요.

타바코가 무쇼-니 스이따이데스

無性に 몹시, 무턱대고

○ 난 담배를 피울 때 →私はタバコを吸うとき煙を
  연기를 들이마시지   吸いません。
  않아요.

와따시와 타바코오 스우 토끼 케무리오 스이마셍

煙 연기

○ 담배는 일종의 →タバコは一種の麻薬です。
  마약입니다.

타바코와 잇슈노 마야꾸데스

一種 일종, 한 종류 / 麻薬 마약

○ 흡연은 건강에 →喫煙は健康に悪いです。
  해로워요.

키쯔엥와 켕꼬-니 와루이데스

喫煙 흡연

○ 담배가 해롭다는 건 →タバコが悪いことは誰もが
  누구나가 알고 있는   知っている事実です。
  사실입니다.

타바코가 와루이 코또와 다레모가 싯떼 이루 지지쯔데스

事実 사실, 정말로

Chapter 3. 187

담배

- 담배 좀 빌려도 될까요?
  → タバコちょっともらってもいいですか。
  타바코 춋또 모랏떼모 이-데스까

- 담뱃불, 좀 빌려도 될까요?
  → タバコの火、ちょっと貸していただけますか。
  타바코노 히, 춋또 카시떼 이따다께마스까
  貸す 빌리다

- 담배 좀 꺼 주시겠어요?
  → タバコちょっと消してくださいませんか。
  타바코 춋또 케시떼 쿠다사이마셍까

- 그는 내게 담배를 권했다.
  → 彼は私にタバコを勧めた。
  카레와 와따시니 타바코오 스스메따
  勧める 권하다

- 담배의 유혹을 이기지 못했어요.
  → タバコの誘惑に勝てませんでした。
  타바코노 유-와꾸니 카떼마센데시따
  誘惑 유혹 / 勝つ 이기다

- 난, 담배 피우는 사람 옆에 앉고 싶지 않아요.

  → 私は、タバコを吸う人の隣に座りたくありません。

  와따시와, 타바코오 스우 히또노 토나리니 스와리따꾸 아리마셍

  隣 옆

- 담배 한 갑에는 20개비 들어 있어요.

  → タバコ一箱二十本入りです。

  타바코 히또하꼬 니쥼뽕 이리데스

  一箱 한 상자

- 식사 중에 담배는 실례예요.

  → 食事中のタバコは失礼です。

  쇼꾸지쮸-노 타바코와 시쯔레-데스

- 담배꽁초를 함부로 버리지 마세요.

  → 吸殻をむやみに捨てないでください。

  스이가라오 무야미니 스떼나이데 쿠다사이

  むやみに 함부로

- 담배꽁초는 반드시 재떨이에 버리세요.

  → 吸殻は必ず灰皿に捨ててください。

  스이가라와 카나라즈 하이자라니 스떼떼 쿠다사이

  灰皿 재떨이

- 담배를 끄지 않은 채로 재떨이에 두지 마세요.

  → タバコを消さないまま灰皿に置かないでください。

  타바코오 케사나이마마 하이자라니 오까나이데 쿠다사이

Chapter 3.

금연

○ 금연구역. → 禁煙エリア。
킹엔 에리아

禁煙 금연/ エリア 구역

○ 이곳은 금연이에요. → ここは禁煙です。
코꼬와 킹엔데스

→ ここは禁煙になっています。
코꼬와 킹엔니 낫떼 이마스

○ 이곳은 금연 빌딩이에요. → ここは禁煙のビルです。
코꼬와 킹엔노 비루데스

○ 그는 담배를 피우지 않아요. → 彼はタバコを吸いません。
카레와 타바코오 스이마셍

○ 난 담배를 끊기로 결심했어. → 私はタバコをやめると決心した。
와따시와 타바코오 야메루또 켓신시따

○ 난 담배를 끊을 거야. → 私はタバコをやめるつもりだ。
와따시와 타바코오 야메루 츠모리다

○ 난 담배를 줄이려고 노력하는데 잘 안 되네요. → 私はタバコを減らそうとしてもうまくいきません。
와따시와 타바코오 헤라소-또시떼모 우마꾸 이끼마셍

○ 담배를 끊기는 어려워요. → タバコをやめるのは難しいです。
타바코오 야메루노와 무즈카시-데스

○ 난 담배를 하루 한 개비로 줄였어요. → 私はタバコを一日一本に減らしました。
와따시와 타바코오 이찌니찌 입뽕니 헤라시마시따

○ 그를 설득해서 담배를 끊게 했어요. → 彼を説得してタバコをやめさせました。
카레오 셋또꾸시떼 타바코오 야메사세마시따

説得する 설득하다

○ 그는 담배를 완전히 끊어야 해. → 彼はタバコを完全にやめるべきです。
카레와 타바코오 칸젠니 야메루베끼데스

べき (응당) 그렇게 해야 할

Chapter 3. 191

Unit 5 취미

취미 묻기

○ 취미가 뭐예요?
➡ 趣味は何ですか。
슈미와 난데스까

↳ 정중하게 물을 때는 ご趣味라고 합니다.

趣味 취미

○ 특별한 취미가 있습니까?
➡ 特別な趣味はありますか。
토꾸베쯔나 슈미와 아리마스까

○ 소일거리로 뭘 하세요?
➡ 暇つぶしに何をしますか。
히마쯔부시니 나니오 시마스까

暇つぶし 심심풀이, 시간을 허비함

○ 한가할 때는 뭘 하세요?
➡ 暇な時は何をしますか。
히마나 토끼와 나니오 시마스까

暇だ 한가하다

○ 기분 전환으로 뭘 하세요?
➡ 気分転換に何をしますか。
키분뗑깐니 나니오 시마스까

➡ 気晴らしにどんなことをなさいますか。
키바라시니 돈나 코또오 나사이마스까

気分転換 기분 전환/ 気晴らし 기분 전환하다

○ 어떤 것에 흥미를 갖고 있어요? ➔ どんな事に興味を持っていますか。

돈나 코또니 쿄-미오 못떼 이마스까

취미 대답하기

○ 저는 취미가 다양해요. ➔ 私はいろいろな趣味を持っています。

와따시와 이로이로나 슈미오 못떼 이마스

○ 특별한 취미는 없어요. ➔ 特別な趣味はありません。

토꾸베쯔나 슈미와 아리마셍

○ 그는 재미있는 취미가 있어요. ➔ 彼はおもしろい趣味を持っています。

카레와 오모시로이 슈미오 못떼 이마스

○ 난 그런 일에는 취미가 없어. ➔ 私はそんな事に興味がない。

와따시와 손나 코또니 쿄-미가 나이

○ 그냥 집에 있어요. ➔ ただ家にいます。

타다 이에니 이마스

ただ 그냥

- 우리는 취미에 공통점이 많네요.
  → 私たちは趣味に共通点が多いですね。

  와따시따찌와 슈미니 쿄-쯔-뗑가 오-이데스네

  共通点 공통점

- 같은 취미를 갖고 있는 사람들과 동아리를 만들었다.
  → 同じ趣味を持った人たちとサークルを作った。

  오나지 슈미오 못따 히또따찌또 사-쿠루오 츠꿋따

  サークル 서클, 동아리

- 왠지 뭘 해도 오래 지속하지 못해요.
  → 私は何をするにも長く続きません。

  와따시와 나니오 스루니모 나가꾸 츠즈끼마셍

- 취미는 있지만, 일이 바빠서 여유가 없어.
  → 趣味はあるけど、仕事が忙しくてそれどころじゃないよ。

  슈미와 아루께도, 시고또가 이소가시꾸떼 소레도꼬로쟈나이요

사진

- 사진 촬영은 제 취미 중 하나예요.
  → 写真撮影は私の趣味の一つです。

  샤신사쯔에-와 와따시노 슈미노 히또쯔데스

  写真撮影 사진 촬영

- 최근, 인물사진 찍기에 흥미를 가지기 시작했다.
  → 最近、人物写真を撮ることに興味を持ち始めた。

  사이낑, 짐부쯔 샤징오 토루 코또니 쿄-미오 모찌하지메따

  人物 인물

○ 집에 암실이 있어요.	➜ 家に暗室があります。
	이에니 안시쯔가 아리마스

暗室 암실

○ 밤하늘에 떠 있는 별을 찍는 것은 재미있습니다.	➜ 夜空の星を撮るのはおもしろいです。
	요조라노 호시오 토루노와 오모시로이데스

夜空 밤하늘 / 星 별 / 撮る (사진을) 찍다

○ 어떤 종류의 카메라를 갖고 있어요?	➜ どんな種類のカメラを持っていますか。
	돈나 슈루이노 카메라오 못떼 이마스까

種類 종류 / カメラ 카메라

スポーツ

○ 무슨 스포츠를 좋아하세요?	➜ どんなスポーツが好きですか。
	돈나 스포-츠가 스끼데스까

スポーツ 스포츠

○ 스포츠라면 어떤 종류든 좋아해요.	➜ スポーツならどんな種類でも好きです。
	스포-츠나라 돈나 슈루이데모 스끼데스

○ 스포츠는 무엇이든 해요.	➜ 運動なら何でもできます。
	운도-나라 난데모 데끼마스

運動 운동

Chapter 3. 195

○ 저는
  스포츠광이에요.
→ 私はスポーツマニアです。

와따시와 스포-츠마니아데스

マニア 마니아

○ 그는 만능
  스포츠맨이에요.
→ 彼はスポーツ万能です。

카레와 스포-츠반노-데스

万能 만능

○ 어떤 스포츠라도
  서툴러요.
→ どんな運動も下手です。

돈나 운도-모 헤따데스

→ 運動は全て苦手です。

운도-와 스베떼 니가떼데스

全て 모두, 전체 / 苦手だ 서투르다

○ 운동신경이 굉장히
  좋아 보이네요.
→ すごく運動神経が良さそうに見えますね。

스고꾸 운도-싱께-가 요사소-니 미에마스네

運動神経 운동신경

○ 운동신경이 둔해요.
→ 運動神経が鈍いです。

운도-싱께가 니부이데스

鈍い 둔하다

○ 이제부터
  운동할 거예요.
→ これから運動をしようと思います。

코레까라 운도-오 시요-또 오모이마스

○ 요즘 운동 부족이에요. → このところ運動不足です。
코노또꼬로 운도-부소꾸데스

○ 건강을 위해 매일 걷고 있어요. → 健康のために毎日歩いています。
켕꼬-노 타메니 마이니찌 아루이떼 이마스

歩く 걷다

○ 최근 조깅을 시작했어요. → 最近ジョギングを始めました。
사이낑 죠깅구오 하지메마시따

ジョギング 조깅

○ 강변을 따라 인라인스케이트를 타요. → 川沿いでインラインスケートをします。
카와조이데 인라인스케-토오 시마스
川沿い 강가 / インラインスケート 인라인스케이트

○ 요가를 계속할 생각이에요. → ヨガを続けるつもりです。
요가오 츠즈께루 츠모리데스

ヨガ 요가

○ 저는 태권도 3단이에요. → 私はテコンドー三段です。
와따시와 테콘도- 산단데스

テコンドー 태권도 / 段 단

○ 여름 스포츠 중에서는 수영을 제일 좋아해요. → 夏のスポーツでは、水泳が一番好きです。
나쯔노 스포-츠데와, 스이에-가 이찌방 스끼데스

水泳 수영

Chapter 3. 197

○ 특기는 배영이에요. → 特技は背泳ぎです。
토꾸기와 세오요기데스

↳ 背泳 = バックストローク

特技 특기 / 背泳ぎ 배영

○ 저는 맥주병이에요. → 私はカナヅチです。
와따시와 카나즈치데스

カナヅチ 헤엄을 조금도 못 침, 그런 사람

○ 저는 수영을 전혀 못 해요. → 私は水泳が全然できません。
와따시와 스이에-가 젠젱 데끼마셍

→ 私は水泳が全くできません。
와따시와 스이에-가 맛따꾸 데끼마셍

全然 전혀

○ 우리 가족은 매년 여름에 래프팅하러 가요. → 私の家族は毎年夏にラフティングをしに行きます。
와따시노 카조꾸와 마이또시 나쯔니 라후팅구오 시니 이끼마스

ラフティング 래프팅

○ 겨울이 되면 매주 스키를 타러 가요. → 冬になると毎週スキーに行きます。
후유니 나루또 마이슈- 스키-니 이끼마스

スキー 스키

○ 전 스노보드 광이에요. → 私はスノーボードマニアです。
와따시와 스노-보-도마니아데스

スノーボード 스노보드

○ 스포츠는 하는 것보다 보는 것을 좋아해요.
➜ スポーツはするより見る方が好きです。
스포-츠와 스루요리 미루 호-가 스끼데스

구기 스포츠

○ 요즘 테니스에 빠져 있습니다.
➜ 最近テニスにはまってます。
사이낑 테니스니 하맛떼마스

テニス 테니스/ はまる 빠져들다

○ 언젠가 같이 치러 가죠.
➜ いつか一緒にやりましょう。
이쯔까 잇쇼니 야리마쇼-

○ TV 야구 중계를 자주 봐요.
➜ テレビの野球中継をたびたび見ます。
테레비노 야뀨-쮸-께-오 타비따비 미마스

中継 중계/ たびたび 여러 번, 자주

○ 야구팀에서 3루수를 맡고 있어요.
➜ 野球チームでの守備はサードです。
야뀨- 치무데노 슈비와 사-도데스

チーム 팀/ 守備 수비/ サード 3루(수)

○ 그 선수 타율은?
➜ その選手の打率は?
소노 센슈노 다리쯔와?

選手 선수/ 打率 타율

- 지금 몇 회예요? ➡ 今何回ですか。
  이마 낭까이데스까

- 만루예요. ➡ 満塁です。
  만루이데스

満塁 만루

- 지금 어느 쪽이 이기고 있어? ➡ 今どっちが勝ってるの?
  이마 돗찌가 캇떼루노?

- 어제 우리 팀이 2:0으로 이겼어요. ➡ 昨日私のチームが二対ゼロで勝ちました。
  키노- 와따시노 치-무가 니타이 제로데 카찌마시따

対 대

- 야구는 어느 팀 팬이에요? ➡ 野球はどこのチームのファンですか。
  야뀨-와 도코노 치-무노 환데스까

ファン 팬

- 요즘 골프에 빠져 있어요. ➡ 最近ゴルフにはまっています。
  사이낑 고루후니 하맛떼이마스

ゴルフ 골프

- 골프가 왜 즐거운지 모르겠어요. ➡ ゴルフの何が楽しいのか、分かりません。
  고루후노 나니가 타노시-노까, 와까리마셍

- 전 축구팀의 후보 선수예요.

  → 私はサッカーチームのほけつです。

  와따시와 삭카―치―무노 호께쯔데스

  → 私はサッカーチームのベンチウォーマーです。

  와따시와 삭카―치―무노 벤치워―마―데스

  サッカー 축구/ ほけつ 보결/ ベンチウォーマー 후보 선수

- 어제 축구 경기는 상당히 접전이었어요.

  → 昨日のサッカーゲームはものすごい接戦でした。

  키노―노 삭카―게―무와 모노스고이 셋센데시따

  ゲーム 게임, 경기/ ものすごい 대단하다, 굉장하다/ 接戦 접전

- 경기는 무승부로 끝났어요.

  → 競技は引き分けで終わりました。

  쿄―기와 히끼와께데 오와리마시따

  競技 경기/ 引き分ける 비기다, 무승부가 되다

- 어느 축구팀을 응원하세요?

  → どのサッカーチームを応援しますか。

  도노 삭카―치―무오 오―엔시마스까

  応援 응원

- 축구는 내 관심이 없어요.

  → 私はサッカーに興味がありません。

  와따시와 삭카―니 쿄―미가 아리마셍

음악 감상

- 어떤 음악을 좋아하세요?
  → どんな音楽が好きですか。
  돈나 옹가꾸가 스끼데스까

  音楽 음악

- 음악이라면 어떤 것이든 즐겨 들어요.
  → 音楽なら何でもよく聞きます。
  옹가꾸나라 난데모 요꾸 키끼마스

- 특히 클래식을 좋아합니다.
  → 特にクラシックが好きです。
  토꾸니 쿠라식쿠가 스끼데스

  クラシック 클래식

- 시간이 날 때는 팝 음악을 들어요.
  → 時間がある時はポップミュージックを聴きます。
  지깡가 아루 토끼와 폽푸뮤-직쿠오 키끼마스
  ポップミュージック 팝뮤직/ 聴く(귀담아)듣다, 경청하다

- 좋아하는 가수는 누구예요?
  → 好きな歌手は誰ですか。
  스끼나 카슈와 다레데스까

- 아라시의 콘서트를 빠지지 않고 갔었어요.

→ 嵐のコンサートはもれなく行きました。

아라시노 콘사-토와 모레나꾸 이끼마시따

↳ 嵐는 일본의 유명한 인기 남성 아이돌 그룹으로, 일본은 물론 우리나라에도 많은 팬을 두고 있습니다.

歌手 가수/ もれる 빠지다

악기 연주

- 악기를 다룰 줄 아세요?

→ 楽器を弾けますか。

각끼오 히께마스까

→ 何か楽器を演奏できますか。

나니까 각끼오 엔소-데끼마스까

楽器 악기/ 弾く 연주하다, 켜다/ 演奏 연주

- 피아노를 조금 칩니다.

→ ピアノを少し弾きます。

피아노오 스꼬시 히끼마스

ピアノ 피아노

- 열 살 때부터 바이올린을 켜고 있어요.

→ 10歳の時からバイオリンを弾いています。

쥿사이노 토끼까라 바이오링오 히-떼 이마스

バイオリン 바이올린

Chapter 3.   203

- 어렸을 때 10년간 피아노를 배웠어요. → 小さい時10年間ピアノを習いました。
  치-사이 토끼 쥬-넹깡 피아노오 나라이마시따

  習う 배우다, 연습하다

- 취미로 기타를 배우고 있어요. → 趣味でギターを習っています。
  슈미데 기타-오 나랏떼 이마스

  ギター 기타

- 기타를 독학으로 배웠습니다. → ギターを独学で学びました。
  기타-오 도꾸가꾸데 마나비마시따

  独学 독학 / 学ぶ 배우다, 공부하다

영화 감상

- 영화 보기를 좋아합니다. → 映画観ることが好きです。
  에-가 미루 코또가 스끼데스

  映画 영화 / 観る 보다

- 난 영화광입니다. → 私は映画マニアです。
  와따시와 에-가 마니아데스

- 어떤 영화를 좋아하세요? → どんな映画が好きですか。
  돈나 에-가가 스끼데스까

○ 저는 미스터리 영화, 특히 탐정물을 좋아해요.
→ 私はミステリー映画、特に探偵ものが好きです。
와따시와 미스테리-에-가, 토꾸니 탄떼-모노가 스끼데스

ミステリー 미스터리 / 探偵 탐정

○ 공포 영화를 자주 봅니다.
→ ホラー映画をたびたび観ます。
호라- 에-가오 타비따비 미마스

ホラー 공포, 호러

○ 슬픈 영화를 가장 좋아해요.
→ 悲しい映画が一番好きです。
카나시- 에-가가 이찌방 스끼데스

悲しい 슬프다

○ 굉장히 무서운 영화라서 그날 밤에는 잠을 잘 수 없었어요.
→ とても怖い映画だったのでその夜はよく眠れませんでした。
토떼모 코와이 에-가닷따노데 소노 요루와 요꾸 네무레마센데시따

○ 지금까지 가장 좋았던 영화는 〈반지의 제왕〉입니다.
→ 今まで一番好きだった映画は「ロードオブザリング」です。
이마마데 이찌방 스끼닷따 에-가와 〈로-도오부자링구〉데스

○ 그 영화의 주연은 누구인가요?
→ あの映画の主演は誰ですか。
아노 에-가노 슈엥와 다레데스까

主演 주연

○ 그녀가 주연한 영화는 모두 봤어요.
→ 彼女が主演の映画は全部観ました。
카노죠가 슈엔노 에-가와 젬부 미마시따

Chapter 3. 205

- 좋아하는 남자 배우, 여자 배우는 누구입니까?
→ 好きな男優、女優は誰ですか。
스끼나 당유-, 죠유-와 다레데스까

男優 남자 배우 / **女優** 여자 배우

극장 가기

- 영화 보러 자주 가세요?
→ よく、映画を観に行きますか。
요꾸, 에-가오 미니 이끼마스까

- 한 달에 두세 편은 봐요.
→ 一ヶ月に二つか三つは観ます。
익까게쯔니 후따쯔까 밋쯔와 미마스

- 저는 좀처럼 극장에 가지 않아요.
→ 私はめったに映画館に行けません。
와따시와 멧따니 에-가깐니 이께마셍

めったに 좀처럼, 거의

- 극장에 가기보다 TV 영화 보는 것을 좋아합니다.
→ 映画館に行くよりテレビの映画を観る方が好きです。
에-가깐니 이꾸요리 테레비노 에-가오 미루 호-가 스끼데스

- 오늘 밤에 영화 보러 가자.
→ 今夜、映画観に行こうよ。
콩야, 에-가 미니 이꼬-요

- 지금 극장에서 뭐 하지? → 今映画館で何をやってる?
  이마 에-가깐데 나니오 얏떼루?

독서

- 제 취미는 소설 읽기예요. → 私の趣味は小説を読むことです。
  와따시노 슈미와 쇼-세쯔오 요무 코또데스

  小説 소설

- 저는 책벌레예요. → 私は本の虫です。
  와따시와 혼노 무시데스

  本の虫 책벌레

- 한가할 땐 독서로 시간을 보내요. → 暇な時読書で時間をつぶします。
  히마나 토끼 도꾸쇼데 지깡오 츠부시마스

- 한 달에 몇 권 정도 읽으세요? → 一ヶ月に何冊ぐらい読みますか。
  익까게쯔니 난사쯔구라이 요미마스까

  冊 ~권

- 최근 바빠서 책을 읽을 시간이 없습니다. → 最近忙しくて本を読む時間がありません。
  사이낑 이소가시꾸떼 홍오 요무 지깡가 아리마셍

Chapter 3. 207

○ 어떤 책을 즐겨 읽으세요? → どんな本をよく読みますか。
돈나 홍오 요꾸 요미마스까

○ 책을 많이 읽으세요? → 本をたくさん読みますか。
홍오 탁상 요미마스까

たくさん 많음

○ 가장 좋아하는 장르는 무엇입니까? → 一番好きなジャンルは何ですか。
이찌방 스끼나 쟈루와 난데스까

ジャンル 장르, 종류

○ 저는 손에 잡히는 대로 읽는 편이에요. → 私は手当たり次第に読む方です。
와따시와 테아따리시다이니 요무 호-데스

手当たり次第 닥치는 대로

○ 일 년에 50권 이상 읽어요. → 一年に50冊以上読みます。
이찌넨니 고쥿사쯔 이죠- 요미마스

○ 탐정 소설을 아주 좋아해요. → 探偵小説がとても好きです。
탄떼- 쇼-세쯔가 토떼모 스끼데스

○ 요즘은 로맨스 소설에 빠져 있어요. → 最近は恋愛小説にはまっています。
사이낑와 렝아이 쇼-세쯔니 하맛떼 이마스

恋愛 연애

208

- 소설보다는 시를 좋아해요. → 小説よりも詩が好きです。
  쇼-세쯔요리모 시가 스끼데스

  詩 시

- 좋아하는 작가는 누구인가요? → 好きな作家は誰ですか。
  스끼나 삭까와 다레데스까

  作家 작가

- 무라카미 하루키를 가장 좋아해요. → 村上春樹が一番好きです。
  무라까미하루끼가 이찌방 스끼데스
  ↳ 村上春樹는 일본의 유명 현대 소설가로, 대표작은 〈상실의 시대〉, 〈노르웨이의 숲〉 등이 있습니다.

- 그의 작품은 모두 읽었습니다. → 彼の作品は全部読みました。
  카레노 사꾸힝와 젬부 요미마시따

  作品 작품

- 최근, 연예인들의 에세이가 화제입니다. → 最近、芸能人たちのエッセーが話題です。
  사이낑, 게-노-진따찌노 엣세-가 와다이데스
  芸能人 연예인/ エッセー 에세이, 수필/ 話題 화제

- 〈Casa〉를 정기 구독하고 있어요. → 「Casa」を定期購読しています。
  〈카사〉오 테이끼 코-도꾸시떼 이마스

  定期購読 정기 구독

- 이 책에서 큰 감동을 받았어요. → この本を読んでとても感動しました。
  코노 홍오 욘데 토떼모 칸도-시마시따

  感動 감동

Chapter 3. 209

Unit 6 반려동물

반려동물

- 동물 기르는 것을 좋아해요.
  → 動物を飼うのが好きです。
  도-부쯔오 카우노가 스끼데스

  動物 동물 / 飼う 기르다, 사육하다

- 어떤 반려동물을 기르고 있습니까?
  → どんなペットを飼っていますか。
  돈나 펫토오 캇떼 이마스까

  ペット 반려동물, 애완동물

- 어렸을 때 반려동물 길러 봤어요?
  → 小さい時ペット飼ったことがありますか。
  치-사이 토끼 펫토 캇따 코또가 아리마스까

- 어떤 종류의 반려동물을 기르고 싶어요?
  → どんな種類のペットを飼いたいですか。
  돈나 슈루이노 펫토오 카이따이데스까

- 반려동물로 뭐가 좋을까, 강아지? 아니면 새끼 고양이?
  → ペットで何がいいかな、子犬? それとも子猫?
  펫토데 나니가 이-까나, 코이누? 소레또모 코네꼬?

  それとも 혹은

- 부모님은 개 키우는 것을 허락하지 않아요.
  → 両親は犬を飼うことをゆるしません。
  료-싱와 이누오 카우 코또오 유루시마셍

  両親 부모 / ゆるす 허락하다

- 개를 키우고 싶지만, 아파트에 살고 있어서 키울 수 없어요.

→ 犬を育てたいのですけど、アパートに住んでいるので飼ってられません。

이누오 소다떼따이노데스께도, 아파-토니 슨데 이루노데 캇떼라레마셍

育てる 키우다, 양육하다 / 住む 살다

- 죄송합니다만, 반려동물은 출입금지입니다.

→ すみませんが、ペットは出入り禁止です。

스미마셍가, 펫토와 데이리킨시데스

出入り 출입

- 이곳은 반려동물 데려와도 되나요?

→ ここはペットをつれて来てもいいですか。

코꼬와 펫토와 츠레떼 키떼모 이-데스까

つれる 동반하다

- 반려동물 기르기는 아이들에게 책임감을 가르쳐 줍니다.

→ ペットを飼うことは子供たちに責任感を教えてくれます。

펫토오 카우 코또와 코도모따찌니 세끼닝깡오 오시에떼 쿠레마스

責任感 책임감

개

- 매일 저녁, 개를 데리고 산책하러 가요.

→ 毎日夕方、犬をつれて散歩に行きます。

마이니찌 유-가따, 이누오 츠레떼 삼뽀니 이끼마스

散歩 산책

Chapter 3. 211

- 난 강아지를 쓰다듬고 있었어요.
→ 私は子犬を撫でていました。
와따시와 코이누오 나데떼 이마시따

撫でる 쓰다듬다

- 난 강아지에게 먹이를 주고 있었어요.
→ 私は子犬に餌をあげていました。
와따시와 코이누니 에사오 아게떼 이마시따

餌 모이, 사료

- 그 강아지, 제가 길러도 돼요?
→ その子犬、私が飼ってもいいですか。
소노 코이누, 와따시가 캇떼모 이-데스까

- 난 강아지에게 '케니'라고 이름을 지었습니다.
→ 私は子犬に「ケニー」と名前をつけました。
와따시와 코이누니 '케니-'또 나마에오 츠게마시따

名前をつける 이름 짓다

- 다섯 살 난 잡종개를 키우고 있어요.
→ 5歳の雑種犬を飼っています。
고사이노 잣슈껭오 캇떼 이마스

雑種犬 잡종견

- 우리 개는 온순해요.
→ 私の犬はおとなしいです。
와따시노 이누와 오또나시-데스

おとなしい 온순하다

- 우리 강아지는 낯선 사람에게 달려들어 물어요.
→ 私の子犬はしらない人に噛み付きます。
와따시노 코이누와 시라나이 히또니 카미쯔끼마스

噛み付く 달려들어 물다

- 그의 개는 아무데나 대소변을 본다. ➡ 彼の犬はどこでも大小便をする。

  카레노 이누와 도꼬데모 다이쇼-벵오 스루

- 이 강아지는 잘 길들여져 있어요. ➡ この子犬はよくてなずけられています。

  코노 코이누와 요꾸 테나즈께라레떼 이마스

  てなずける 길들이다

- 개는 낯선 사람을 잘 따르지 않는다. ➡ 犬は見知らぬの人にはあまり懐かない。

  이누와 미시라누 히또니와 아마리 나쯔까나이

  見知らぬ 낯선/ 懐く 따르다, 친해지다

- 개가 아이들과 잔디밭에서 뛰어다녔다. ➡ 犬が子供たちと芝生で遊び回った。

  이누가 코도모따찌또 시바후데 아소비마왓따

  芝生 잔디밭/ 遊び回る 돌아다니다

- 개는 주인에게 충실하다. ➡ 犬は主人に忠実だ。

  이누와 슈진니 츄-지쯔다

  主人 주인/ 忠実だ 충실하다

- 우리 집 개가 임신했어. ➡ 私の家の犬が妊娠した。

  와따시노 이에노 이누가 닌신시따

  妊娠する 임신하다

- 강아지들이 배가 고파서 낑낑거렸다. ➡ 子犬たちがお腹がすいてだだをこねた。

  코이누따찌가 오나까가 스이떼 다다오 코네따

  お腹がすく 배가 고프다/ だだをこねる 떼를 쓰다

Chapter 3. 213

○ 강아지가 깽깽거렸다.
→ 子犬がきゃんきゃんないた。
코이누가 컁컁 나이따

きゃんきゃん 깽깽깽깽

○ 네 강아지, 수의사한테 데리고 가 봤니?
→ あなたの子犬、獣医につれて行ったの?
아나따노 코이누, 쥬-이니 츠레떼 잇따노?

獣医 수의사

○ 우리 강아지가 아픈 것 같아요.
→ 私の犬が病気のようです。
와따시노 이누가 뵤-끼노 요-데스

○ 우리는 그 강아지를 찾아다녔지만, 아무데도 없었다.
→ 私たちはその子犬を探し回ったが、どこにもいなかった。
와따시따찌와 소노 코이누오 사가시마왓따가, 도꼬니모 이나깟따

探し回る 찾아다니다

○ 강아지가 죽어서, 난 너무 슬펐어요.
→ 子犬が死んで、私はとても悲しかったです。
코이누가 신데, 와따시와 토떼모 카나시깟따데스

○ 강아지 중성화 수술을 하려고요.
→ 子犬の中性化手術をすると思います。
코이누노 츄-세-까 슈쥬쯔오 스루또 오모이마스

中性化 중성화 / 手術 수술

고양이

- 고양이가 매트 위에서 기지개를 켰다.
  → 猫がマットの上で伸びをした。
  네꼬가 맛토노 우에데 노비오 시따

  マット 매트 / 伸び 뻗음

- 고양이가 발톱으로 날 할퀴었다.
  → 猫が爪で私を引っ掻いた。
  네꼬가 츠메데 와따시오 힉까이따

  爪で引っ掻く 손톱[발톱]으로 할퀴다

- 고양이 꼬리를 갖고 장난치지 마세요.
  → 猫のしっぽを持っていたずらをしないでください。
  네꼬노 십뽀오 못떼 이따즈라오 시나이데 쿠다사이

  しっぽ 꼬리 / いたずら 장난

- 새끼 고양이가 슬리퍼를 물어뜯었다.
  → 子猫がスリッパをかみちぎった。
  코네꼬가 스립빠오 카미찌깃따

  スリッパ 슬리퍼 / かみちぎる 물어뜯다

- 우리 집 고양이가 새끼 세 마리를 낳았다.
  → 私の家の猫が子猫3匹を産んだ。
  와따시노 이에노 네꼬가 코네꼬 삼비끼오 운다

  産む 낳다, 출산하다

- 고양이가 목을 그르렁거린다.
  → 猫がごろごろなく。
  네꼬가 고로고로 나꾸

  ごろごろ 그렁그렁(고양이가 목구멍을 울리는 소리) / なく 울다

Chapter 3.　215

반려동물 - 기타

○ 내 햄스터는 양배추를 즐겨 먹는다.
→ 私のハムスターはキャベツをよく食べます。
와따시노 하무스타-와 캬베츠오 요꾸 타베마스
ハムスター 햄스터 / キャベツ 양배추

○ 햄스터를 우리에 넣어 기르세요.
→ ハムスターを檻に入れて飼ってください。
하무스타-오 오리니 이레떼 캇떼 쿠다사이
檻 우리

○ 그는 애완용 뱀을 키워요.
→ 彼は蛇のペットを飼います。
카레와 헤비노 펫토오 카이마스

→ 彼のペットは蛇です。
카레노 펫토와 헤비데스

蛇 뱀

○ 반려동물로 딱정벌레를 키우는 사람도 있어.
→ ペットでカブトムシを飼う人もいる。
펫토데 카부토무시오 카우 히또모 이루
カブトムシ 딱정벌레

○ 그는 금붕어에게 먹이를 너무 많이 줘서 죽이고 말았어.
→ 彼は金魚に餌を多くやりすぎて殺してしまった。
카레와 킹교니 에사오 오-꾸 야리스기떼 코로시떼 시맛따
金魚 금붕어 / 殺す 죽이다

 **Unit 7 식물 가꾸기**　　　MP3. C3_U7

식물

- 우리는 세 개의 화분에 콩을 심었다.

→ **私たちは三つの植木鉢に豆をうえた。**

와따시따찌와 밋쯔노 우에끼바찌니 마메오 우에따

植木鉢 화분／ 豆 콩／ うえる 심다

- 어제 식물을 정원에 옮겨 심었어요.

→ **昨日植物を庭にうえました。**

키노- 쇼꾸부쯔오 니와니 우에마시따

↳ 외부에서 사온 식물을 정원에 옮길 때

→ **昨日植物を庭にうえかえました。**

키노- 쇼꾸부쯔오 니와니 우에까에마시따

↳ 원래 있던 식물의 자리를 옮길 때

庭 정원

- 저 화분은 일주일에 한 번 이상 물을 주면 안 돼요.

→ **あの植木鉢は一週間に一度以上水をやるとだめです。**

아노 우에끼바찌와 잇쮸-깐니 이찌도 이죠- 미즈오 야루또 다메데스

○ 네 화분은 잘 자라는데, 왜 내 것은 시드는 거지?

→ あなたの植木鉢はよく育つのに、どうして私のは枯れるの？

아나따노 우에끼바찌와 요꾸 소다쯔노니, 도-시떼 와따시노와 카레루노?

○ 최근 정원 가꾸기에 몰두하고 있어요.

→ 最近庭いじりに夢中になっています。

사이낑 니와이지리니 무쮸-니 낫떼 이마스

→ 最近ガーデニングに夢中になっています。

사이낑 가-데닝구니 무쮸-니 낫떼 이마스

~いじり 취미 삼아 손질하는 것/ 夢中になる 열중하다/ ガーデニング 가드닝

○ 가족을 위해 마당에 채소를 기르고 있어요.

→ 家族のために庭に野菜を作っています。

카조꾸노 타메니 니와니 야사이오 츠꿋떼 이마스

野菜 채소, 야채

○ 장미는 특별히 보살펴 줘야 해요.

→ バラは特別な世話をしなければなりません。

바라와 토꾸베쯔나 세와오 시나께레바 나리마셍

バラ 장미/ 世話 보살핌

○ 튤립 뿌리를 정원에 심었어요.

→ チューリップの根を庭にうえました。
츄-립푸노 네오 니와니 우에마시따

チューリップ 튤립 / 根 뿌리

○ 틈틈이 정원의 잡초를 뽑아요.

→ 時々庭のざっそを抜きます。
토끼도끼 니와노 잣소오 누끼마스

ざっそ 잡초 / 抜く 뽑다

Chapter 4

여행 가서도 척척!

어디로 여행 갈까?
세계 지도를 펴 놓고 고민하다 보면
마음은 벌써 비행기를 타고 일본을 향하고 있습니다.
여행, 그 출발부터 말문이 막힌다면 스트레스가 되겠죠.
출발부터 문제없이 함께하세요.

| Unit 1 출발 전 |
| Unit 2 공항 |
| Unit 3 기내 |
| Unit 4 숙박 |
| Unit 5 관광 |
| Unit 6 교통 |

Words

- 飛行機 ひこうき 히꼬-끼
  명 비행기

- 空港 くうこう 쿠-꼬-
  = エアポート 에아포-토
  명 공항

- パスポート 파스포-토
  = 旅券 りょけん 료껭
  명 여권

- 航空券 こうくうけん 코-꾸-껭
  = 航空 こうくう チケット 코-꾸- 치켓토
  명 항공권

- 座席 ざせき 자세끼
  = 席 せき 세끼
  명 좌석

- 手荷物 てにもつ 테니모쯔
  명 수하물

- 操縦士 そうじゅうし 소-쥬-시
  = パイロット 파이롯토
  명 조종사, 파일럿

- スチュワーデス 스츄와-데스
  명 스튜어디스

○ 汽車 きしゃ 키샤
＝ 列車 れっしゃ 렛샤
명 기차, 열차

○ 地下鉄 ちかてつ 치까떼쯔
명 지하철

○ タクシー 탁시-
명 택시

○ 自転車 じてんしゃ 지뗀샤
명 자전거

○ 予約 よやく 요야꾸
명 예약

○ キャンセル 캰세루
＝ 取とり消けし 토리께시
명 취소

○ チェックイン 첵쿠잉
명 체크인

○ チェックアウト 첵쿠아우토
명 체크아웃

Chapter 4. 223

Unit 1 출발 전
MP3. C4_U1

항공권 예약

○ 목적지가 어디입니까?
→ 行き先はどこですか。
이끼사끼와 도꼬데스까

行き先 목적지, 행선지

○ 언제 출발할 예정인가요?
→ いつ出発する予定ですか。
이쯔 슙빠쯔스루 요떼-데스까

出発 출발

○ 왕복 티켓인가요, 편도 티켓인가요?
→ 往復チケットですか、片道チケットですか。
오-후꾸 치켓토데스까, 카따미찌 치켓토데스까

往復 왕복/ チケット 티켓, 표/ 片道 편도

○ 편도 요금은 3,000엔이고, 왕복 요금은 4,000엔입니다.
→ 片道料金は3000円で、往復料金だと4000円です。
카따미찌 료-낑와 산젱엔데, 오-후꾸 료-낀다또 욘셍엔데스

料金 요금

○ 도쿄행 이코노미석 티켓 요금은 얼마인가요?
→ 東京行きエコノミー席のチケット料金はいくらですか。
토-꾜-유끼 에코노미-세끼노 치켓토 료-낑와 이꾸라데스까

行き (지명에 붙어) ~행/ エコノミー席 일반석(이코노미석)

○ 그럼, 왕복표로 주세요.
→ じゃ、往復チケットでお願いします。
쟈, 오-후꾸 치켓토데 오네가이시마스

○ 교토행 편도 한 장 부탁 드립니다.
→ 京都行き片道一枚お願いします。
쿄-토유끼 카따미찌 이찌마이 오네가이시마스

○ 후쿠오카에서 서울로 가는 비행기를 예약하고 싶은데요.
→ 福岡からソウル行き飛行機を予約したいのですが。
후꾸오까까라 소우루유끼 히꼬-끼오 요야꾸시따이노데스가

飛行機 비행기

○ 그날 좌석은 지금 만석이어서, 대기자로 됩니다.
→ その日の席はただいま満席でございまして、キャンセル待ちとなります。
소노 히노 세끼와 타다이마 만세께데고자이마시떼, 캰세루마찌또 나리마스

満席 만석 / キャンセル待ち 예약 취소 대기(자)

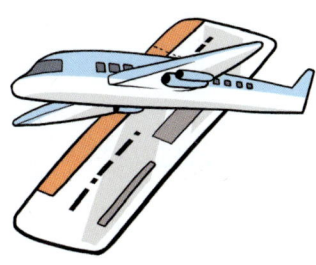

Chapter 4. 225

예약 확인 및 변경

○ 예약 재확인을 하고 싶습니다만.
→ リコンファームしたいんですが。
리콩화-무시따인데스가

リコンファーム 리컨펌, 항공편의 예약을 재확인하는 일

○ 성함과 비행편을 말씀해 주시겠어요?
→ お名前と便名をおっしゃってくださいませんか。
오나마에또 빔메-오 옷샷떼 쿠다사이마셍까

便名 편명/ 便 ~편

○ 예약 번호를 가르쳐 주시겠습니까?
→ 予約番号を教えていただけますか。
요야꾸 방고-오 오시에떼 이따다께마스까

○ 12월 1일 서울행 704편입니다. 제 예약번호는 123456입니다.
→ 12月1日ソウル行き704便です。私の予約番号は123456です。
쥬-니가쯔 츠이따찌 소우루유끼 나나마루욤빙데스.
와따시노 요야꾸 방고-와 이찌니산용고로꾸데스

○ 4월 1일의 예약을 취소하고, 4월 10일로 예약해 주세요.
→ 4月1日の予約を取り消して、4月10日で予約してください。
시가쯔 츠이따찌노 요야꾸오 토리께시떼, 시가쯔 토-까데 요야꾸시떼 쿠다사이

여권

- 여권을 신청하려 합니다만.
  → パスポートを申請しようと思うのですが。
  파스포-토오 신세-시요-또 오모우노데스가
  パスポート 여권/ 申請 신청

- 여권을 발급하려면 어디로 가야 하나요?
  → パスポートを発給するにはどこに行けばいいんですか。
  파스포-토오 학뀨-스루니와 도꼬니 이께바 이-ㄴ데스까
  発給 발급

- 여권을 만드는 데 얼마나 걸리나요?
  → パスポートを作るのにどのぐらいかかりますか。
  파스포-토오 츠꾸루노니 도노구라이 카까리마스까

- 여권을 발급하려면 무엇을 준비해야 하나요?
  → パスポートを発給するには何を準備すればいいんですか。
  파스포-토오 학뀨-스루니와 나니오 쥼비스레바 이-ㄴ데스까

- 제 여권이 금년 말로 만기가 됩니다.
  → 私のパスポートが今年末で満期になります。
  와따시노 파스포-토가 코또시마쯔데 망끼니 나리마스

비자

- 비자를 받기 위해 필요한 서류로 무엇이 있습니까?

  → ビザを取るのに必要な書類って何がありますか。

  비자오 토루노니 히쯔요-나 쇼루잇떼 나니가 아리마스까

  ビザ 비자/ 書類 서류

- 비자를 받는 데 얼마나 걸리죠?

  → ビザをもらうのに、いくらかかりますか。

  비자오 모라우노니, 이꾸라 카까리마스까

- 이 비자의 유효 기간은 30일입니다.

  → このビザの有効期間は30日です。

  코노 비자노 유-꼬-끼깡와 산쥬-니찌데스

- 비자 발급이 허가되었는지 알고 싶은데요.

  → ビザの発給が許可されてるかどうか知りたいのですが。

  비자노 학뀨-가 쿄까사레떼루까도-까 시리따이노데스가

  許可 허가

- 비자 신청은 이번이 두 번째입니다.

  → ビザの申請は今度が二回目です。

  비자노 신세-와 콘도가 니까이메데스

- 비자 연장을 신청하고 싶은데요.

  → ビザの延長を申請したいのですが。

  비자노 엔쬬-오 신세-시따이노데스가

  延長 연장

○ 여권이 한 달 뒤에 만료되어서 새 여권이 생기기 전에는 비자 발급이 안 됩니다.

➡ パスポートが一ヶ月後に満了になるので新しいパスポートができる前はビザの発給ができません。

파스포-토가 익까게쯔 고니 만료-니 나루노데 아따라시-파스포-토가 데끼루 마에와 비자노 학뀨-가 데끼마셍

満了 만료

○ 만기 전에 비자를 갱신하세요.

➡ 満期になる前にビザを更新してください。

망끼니 나루 마에니 비자오 코-신시떼 쿠다사이

○ 무슨 비자를 갖고 계십니까?

➡ どんなビザを持っていますか。

돈나 비자오 못떼 이마스까

○ 학생 비자로 방문하셨군요.

➡ 学生ビザで訪問されたんですね。

각세- 비자데 호-몬사레딴데스네

訪問 방문

Chapter 4. 229

Unit 2 공항　　　　　　　　　　MP3. C4_U2

공항 이용

○ 늦어도 출발 시간 한 시간 전에는 탑승 수속을 해 주세요.

→ 遅くても出発時間の一時間前には搭乗手続きをしてください。

오소꾸떼모 슙빠쯔 지간노 이찌지간 마에니와
토-죠-떼쯔즈끼오 시떼 쿠다사이

搭乗手続き 탑승 수속

○ 부치실 짐이 있습니까?

→ お預けの荷物はありますか。

오아즈께노 니모쯔와 아리마스까

お預けの荷物 맡길 짐, 부칠 짐

○ 고베로 가는 연결편을 타야 하는데요.

→ 神戸行きの乗り継ぎ便に乗らないといけないんですが。

코-베유끼노 노리쯔기빈니 노라나이또 이께나인데스가

乗り継ぎ 환승

○ 국제선 터미널은 어디인가요?

→ 国際線ターミナルはどこですか。

콕사이센 타-미나루와 도꼬데스까

国際線 국제선/ ターミナル 터미널

티켓팅

- 대한항공 카운터는 어디입니까?
  → KALのカウンターはどこですか。
  카루노 카운타-와 도꼬데스까

  カウンター 카운터

- 다음 창구로 가십시오.
  → 隣の窓口に行ってください。
  토나리노 마도구찌니 잇떼 쿠다사이

  窓口 창구

- 창가쪽 좌석을 부탁합니다.
  → 窓側の席をお願いします。
  마도가와노 세끼오 오네가이시마스

  窓側の席 창가석

- 체크인은 몇 시입니까?
  → チェックインは何時ですか。
  첵쿠잉와 난지데스까

  チェックイン 체크인

- 서울행 일본항공은 몇 번 게이트입니까?
  → ソウル行きの日本航空は何番ゲートですか。
  소우루유끼노 니홍쿠꼬-와 남방 게-토데스까

  ゲート 게이트

Chapter 4. 231

보딩

- 탑승 수속은 언제부터 합니까?
  → 搭乗手続きはいつからですか。
  토-죠-떼쯔즈끼와 이쯔까라데스까

- 어느 출구로 가면 됩니까?
  → どの出口に行けばいいですか。
  도노 데구찌니 이께바 이-데스까

  出口 출구

- 탑승은 출발 30분 전에 시작됩니다.
  → 搭乗は出発30分前に始まります。
  토-죠-와 슛빠쯔 산즙뿡 마에니 하지마리마스

  搭乗 탑승

- 곧 탑승을 시작하겠습니다.
  → すぐに搭乗を始めます。
  스구니 토-죠-오 하지메마스

- 대한항공 702편을 이용하시는 승객께서는 12번 출구에서 탑승 수속을 하시기 바랍니다.
  → KAL702便に乗るお客様は12番出口で搭乗手続きをしてください。
  카루 나나제로니빈니 노루 오꺅꾸사마와 쥬-니방 데구찌데 토-죠-떼쯔끼오 시떼 쿠다사이

세관

- 세관신고서를 작성해 주세요.
  → 税関申告書を書いてください。
  제-깐싱꼬꾸쇼- 카이떼 쿠다사이

  税関申告書 세관신고서

- 세관신고서를 보여 주시겠어요?
  → 税関申告書を見せていただけますか。
  제-깐싱꼬꾸쇼오 미세떼 이따다께마스까

- 신고하실 물품이 있습니까?
  → 申告するものはありますか。
  싱꼬꾸스루 모노와 아리마스까

  申告する 신고하다

- 신고할 것은 없습니다.
  → 申告するものはありません。
  싱꼬꾸스루 모노와 아리마셍

- 가방을 테이블 위에 놔 주세요.
  → かばんをテーブルの上にのせてください。
  카방오 테-부루노 우에니 노세떼 쿠다사이

- 이것은 제가 사용하는 거예요.
  → これは私が使うものです。
  코레와 와따시가 츠까우모노데스

Chapter 4. 233

- 액체류는 반입할 수 없습니다.
→ 液体類は持ち込めません。
에끼타이루이와 모찌꼬메마셍

液体類 액체류 / 込める 속에 넣다

면세점 이용

- 면세점은 어디에 있나요?
→ 免税店はどこにありますか。
멘제-뗑와 도꼬니 아리마스까

免税店 면세점

- 면세점에서 쇼핑할 시간이 있을까요?
→ 免税店で買い物する時間がありますか。
멘제-뗀데 카이모노스루 지깡가 아리마스까

買い物 쇼핑

- 면세점에서는 훨씬 싸요.
→ 免税店ははるかに安いです。
멘제-뗑와 하루까니 야스이데스

安い (값이) 싸다

- 여행자 수표도 받습니까?
→ トラベラーズチェックも使えますか。
토라베라-즈첵쿠모 츠까에마스까

トラベラーズチェック 여행자 수표

- 네, 받습니다. 신분증을 갖고 계신가요?
→ はい、使えます。身分証を持っていますか。
하이, 츠까에마스. 미분쇼-오 못떼 이마스까

身分証 신분증

출국 심사

- 여권을 보여 주시겠어요?
  → パスポートを見せてくれませんか。
  파스포-토오 미세떼 쿠레마셍까

- 출국신고서 작성법을 알려 주시겠어요?
  → 出国申告書の書き方を教えてくれませんか。
  슉꼬꾸싱꼬꾸쇼노 카끼까따오 오시에떼 쿠레마셍까
  出国申告書 출국신고서

- 어디까지 가십니까?
  → どちらまで行かれるんですか。
  도찌라마데 이까레룬데스까

- 도쿄에 가는 중입니다.
  → 東京に行くところです。
  토-꾜-니 이꾸 토꼬로데스

- 언제 돌아오십니까?
  → いつお帰りですか。
  이쯔 오까에리데스까

- 일행이 있습니까?
  → 同行の方がいますか。
  도-꼬-노 카따가 이마스까

  同行 동행

Chapter 4.   235

입국 심사

○ 여권과 입국신고서를 보여 주시겠어요?
→ パスポートと入国申告書を見せていただけますか。
パ스포-토또 뉴-꼬꾸싱꼬꾸쇼오 미세떼 이따다께마스까

入国申告書 입국신고서

○ 일본에서 목적지는 어디입니까?
→ 日本での目的地はどこですか。
니혼데노 모꾸떼끼찌와 도꼬데스까

目的地 목적지

○ 방문 목적은 무엇입니까?
→ 訪問目的は何ですか。
호-몽 모꾸떼끼와 난데스까

目的 목적

○ 관광으로 왔습니다.
→ 観光で来ました。
캉꼬-데 키마시따

観光 관광

○ 일 때문에 왔습니다.
→ 仕事で来ました。
시고또데 키마시따

○ 친척을 만나러 왔어요.
→ 親戚に会うために来ました。
신세끼니 아우따메니 키마시따

親戚 친척

○ 여기에 언제까지 머물 예정입니까? → ここにいつまで滞在する予定ですか。

코코니 이쯔마데 타이자이스루 요떼-데스까

滞在する 체류하다

○ 일주일 간 머물 예정입니다. → 一週間滞在する予定です。

잇슈-깡 타이자이스루 요떼-데스

予定 예정

○ 돌아갈 항공권을 갖고 있습니까? → お帰りの航空券をお持ちですか。

오까에리노 코-꾸-껭오 오모찌데스까

航空券 항공권

○ 직업은 무엇입니까? → お仕事は何ですか。

오시고또와 난데스까

○ 첫 방문입니까? → 初めての訪問ですか。

하지메떼노 호-몬데스까

○ 네, 처음입니다. → はい、初めてです。

하이, 하지메떼데스

○ 단체 여행입니까? → 団体旅行ですか。

단따이 료꼬-데스까

団体 단체

○ 어디에 머무르세요? → どこに滞在されますか。
도꼬니 타이자이사레마스까

○ 친구네 집에 머물 거예요. → 友達の家に滞在するつもりです。
토모다찌노 이에니 타이자이스루 츠모리데스

○ 신주쿠의 호텔에 머물 겁니다. → 新宿のホテルに滞在するつもりです。
신쥬꾸노 호테루니 타이자이스루 츠모리데스

○ 얼마를 소지하고 계십니까? → いくら所持されていますか。
이꾸라 쇼지사레떼 이마스까

所持する 소지하다

○ 6만 엔 갖고 있습니다. → 6万円持っています。
로꾸망엥 못떼 이마스

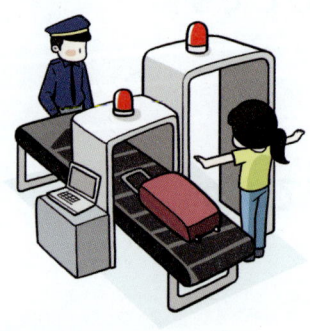

짐을 찾을 때

○ 수하물 찾는 곳이 어디 있습니까?
→ バゲージクレームがどこですか。
바게-지쿠레-무가 도꼬데스까
バゲージクレーム (공항의) 수화물 찾는 곳

○ 제 짐을 찾으려면 어디로 가야 하나요?
→ 私の荷物を探すためにはどこに行けばいいんですか。
와따시노 니모쯔오 사가스따메니와 도꼬니 이께바 이인데스까
荷物 수하물/ 探す 찾다

○ 수하물계로 가세요.
→ バゲージカウンターに行ってください。
바게-지카운타-니 잇떼 쿠다사이

○ 제 짐이 여기에 없어요.
→ 私の荷物はここにありません。
와따시노 니모쯔와 코꼬니 아리마셍

○ 제 짐이 파손됐어요.
→ 私の荷物が破損しました。
와따시노 니모쯔가 하손시마시따
破損する 파손하다

○ 제 짐이 아직 도착하지 않았어요.
→ 私の荷物がまだ到着しません。
와따시노 니모쯔가 마다 토-짜구시마셍

Chapter 4.   239

마중

○ 공항에 누가 마중 나와 있습니까?
→ 空港に誰が出迎えにきていますか。
쿠-꼬-니 다레가 데무까에니 키떼 이마스까

空港 공항/ 出迎え 마중

○ 공항에 마중 나와 주시겠습니까?
→ 空港に出迎えにきてくれませんか。
쿠-꼬-니 데무까에니 키떼 쿠레마셍까

○ 우리를 마중 나와 줘서 감사합니다.
→ 私たちを出迎えにきてくださって、ありがとうございます。
와따시따찌오 데무까에니 키떼 쿠다삿떼, 아리가또-고자이마스

○ 당신을 마중하도록 차를 예약해 놓을게요.
→ あなたを出迎えるために車を予約しておきます。
아나따오 데무까에루따메니 쿠루마오 요야꾸시떼 오끼마스

車 자동차

○ 내가 공항에 마중하러 갈게요.
→ 私が空港に出迎えにいきます。
와따시가 쿠-꼬-니 데무까에니 이끼마스

 Unit 3 기내

기내에서

○ 탑승권을 보여 주시겠습니까?
→ 搭乗券を見せていただけますか。
토-죠-껭오 미세떼 이따다께마스까
搭乗券 탑승권

○ 좌석을 안내해 드릴까요?
→ お席を案内してあげましょうか。
오세끼오 안나이시떼 아게마쇼-까
案内 안내

○ 이쪽입니다. 손님 좌석은 바로 저쪽입니다.
→ こちらです。お客様の席はちょうどあちらです。
코찌라데스. 오꺄꾸사마노 세끼와 쵸-도 아찌라데스

○ 소지품을 기내에 둬도 됩니까?
→ 持ち物を機内に置いてもいいですか。
모찌모노오 키나이니 오이떼모 이-데스까
持ち物 소지품 / 機内 기내

○ 이 가방을 선반 위에 놓는 것을 도와주시겠습니까?
→ このかばんを棚の上に置くことを手伝ってくれませんか。
코노 카방오 타나노 우에니 오꾸 코또오 테쯔닷떼 쿠레마셍까

○ 안전벨트를 매 주십시오.
→ シートベルトをしめてください。
시-토베루토오 시메떼 쿠다사이

○ 잠시 후에 이륙합니다.
→ しばらくして離陸します。
시바라꾸시떼 리리꾸시마스

離陸 이륙

○ 잡지나 읽을거리를 좀 주시겠어요?
→ 雑誌とか読み物をちょっとくれませんか。
잣시또까 요미모노오 촛또 쿠레마셍까

雑誌 잡지/ 読み物 읽을거리

○ 담요와 베개를 주시겠습니까?
→ 毛布と枕をお願いします。
모-후또 마꾸라오 오네가이시마스

毛布 담요/ 枕 베개

○ 실례합니다. 저랑 자리를 바꿔 주실 수 있습니까?
→ すみません。
私と席を換わってくれませんか。
스미마셍. 와따시또 세끼오 카왓떼 쿠레마셍까

換わる 바꾸다

○ 실례합니다. 잠시 지나가겠습니다.
→ すみません。
ちょっと通してください。
스미마셍. 촛또 토-시떼 쿠다사이

○ 멀미 봉투 좀 부탁합니다.
→ シックネスバッグちょっとお願いします。
식쿠네스박구 촛또 오네가이시마스

シックネスバック 멀미 봉투

○ 비행 시간은 얼마나 걸립니까?
→ 飛行時間はどのぐらいかかりますか。
히꼬- 지깡와 도노구라이 카까리마스까

飛行 비행

○ 도쿄까지 예정된 비행 시간은 두 시간 10분입니다.
→ 東京までの飛行時間は2時間10分を予定しております。
토-꾜-마데노 히꼬-지깡와 니지깡 쥽뿡오 요떼-시떼 오리마스

○ 도쿄와 뉴욕의 시차는 얼마입니까?
→ 東京とニューヨークの時差はいくらですか。
토-꾜-또 뉴-요-쿠노 지사와 이꾸라데스까

時差 시차

○ 비행기가 완전히 멈출 때까지 자리에서 기다려 주세요.
→ 飛行機が完全に止まるまで席でお待ちください。
히꼬-끼가 칸젠니 토마루마데 세끼데 오마찌쿠다사이

기내식

○ 음료수는 뭐로 하시겠습니까?
→ 飲み物は何がいいですか。
노미모노와 나니가 이-데스까

飲み物 음료

○ 어떤 음료가 있습니까?
→ どんな飲み物がありますか。
돈나 노미모노가 아리마스까

Chapter 4. 243

○ 음료수를 좀 주세요. ➜ 飲み物をお願いします。
노미모노오 오네가이시마스

○ 콜라를
주시겠습니까? ➜ コーラをいただけますか。
코-라오 이따다께마스까

○ 식사는 소고기와
생선 중, 뭐로
하시겠습니까? ➜ お食事はビーフと魚、どちらの方がいいですか。
오쇼꾸지와 비-후또 사까나, 도찌라노 호-가 이-데스까

ビーフ 비프, 소고기

○ 스테이크로 할게요. ➜ ステーキお願いします。
스테-키 오네가이시마스

ステーキ 스테이크

○ 물 한 컵 주세요. ➜ お水一杯お願いします。
오미즈 입빠이 오네가이시마스

Unit 4 숙박　　　　　　　　　　MP3. C4_U4

숙박 시설 예약

- 예약을 하고 싶습니다만.
  → 予約をしたいのですが。
  요야꾸오 시따이노데스가

- 오늘 밤 묵을 방이 있습니까?
  → 今晩泊まる部屋がありますか。
  콤방 토마루 헤야가 아리마스까

  泊まる 머물다

- 죄송합니다. 방이 만실입니다.
  → 申し訳ございません。部屋が満室です。
  모-시와께고자이마셍. 헤야가 만시쯔데스

  満室 만실

- 어떤 방을 원하십니까?
  → どんな部屋がご希望ですか。
  돈나 헤야가 고끼보-데스까

  希望 희망

- 싱글룸이 있습니까?
  → シングルルームはありますか。
  싱구루루-무와 아리마스까

  シングルルーム 싱글룸

- 욕실이 있는 싱글룸으로 부탁합니다.
  → 風呂場があるシングルルームをお願いします。
  후로바가 아루 싱구루루-무오 오네가이시마스

  風呂場 욕실

Chapter 4.　245

○ 바다가 보이는 방으로 부탁합니다.
→ 海が見える部屋をお願いします。
우미가 미에루 헤야오 오네가이시마스

○ 인터넷 이용 가능한 방을 부탁합니다.
→ インターネットの利用できる部屋をお願いします。
인타-넷토노 리요-데끼루 헤야오 오네가이시마스

インターネット 인터넷 / 利用 이용

○ 이 방으로 하겠습니다.
→ この部屋にします。
코노 헤야니 시마스

○ 방을 바꾸고 싶은데요.
→ 部屋を換えたいですが。
헤야오 카에따이데스가

○ 좀 더 싼 방이 있나요?
→ もうちょっと安い部屋はありますか。
모- 춋또 야스이 헤야와 아리마스까

○ 좀 더 좋은 방이 있습니까?
→ もうちょっといい部屋がありますか。
모- 춋또 이- 헤야가 아리마스까

○ 아침 식사가 포함되었나요?
→ 朝ごはんは含まれていますか。
아사고항와 후꾸마레떼 이마스까

含まれる 포함되다

○ 몇 박 묵으실 겁니까?	➡ 何^{なん}泊^{ぱく}なさいますか。 남빠꾸나사이마스까
○ 사흘 묵고 일요일 오전에 체크아웃하고 싶은데요.	➡ 三^{みっ}日^か泊^とまって日^{にち}曜^{よう}日^び午^ご前^{ぜん}にチェックアウトしたいです。 믹까 토맛떼 니찌요-비 고젠니 첵쿠아우토시따이데스 チェックアウト 체크아웃
○ 숙박 요금은 얼마입니까?	➡ 宿^{しゅく}泊^{はく}料^{りょう}金^{きん}はいくらですか。 슈꾸하꾸 료-낑와 이꾸라데스까
○ 1박에 얼마입니까?	➡ 一^{いっ}泊^{ぱく}いくらですか。 입빠꾸 이꾸라데스까
○ 다음 주에 2박을 예약하고 싶습니다.	➡ 来^{らい}週^{しゅう}二^に泊^{はく}の予^よ約^{やく}をしたいです。 라이슈- 니하꾸노 요야꾸오 시따이데스

체크인

○ 체크인을 부탁합니다.
→ チェックインをお願いします。
체쿠잉오 오네가이시마스

○ 지금 체크인할 수 있습니까?
→ 今チェックインできますか。
이마 첵쿠인데끼마스까

○ 체크인까지 시간이 조금 있습니다만, 짐을 좀 맡길 수 있을까요?
→ チェックインまで少し時間があるんですけど、ちょっと荷物を預かってもらえますか。
첵쿠인마데 스꼬시 지깡가 아룬데스께도, 촛또 니모쯔오 아즈깟떼 모라에마스까

預かる 맡다, 보관하다

○ 체크인은 몇 시부터입니까?
→ チェックインは何時からですか。
첵쿠잉와 난지까라데스까

○ 예약은 하셨습니까?
→ 予約はされましたか。
요야꾸와 사레마시따까

○ 싱글룸을 예약한 　→ シングルルームを予約した
　후지와라입니다. 　　 藤原です。

싱구루루-무오 요야꾸시따 후지와라데스

○ 예약은 한국에서 　→ 予約は韓国でしました。
　했습니다.

요야꾸와 캉꼬꾸데 시마시따

○ 숙박료는 미리 　→ 宿泊料は前払いしてあります。
　지불했습니다.

슈꾸하꾸료-와 마에바라이시떼 아리마스

宿泊料 숙박료 / 前払い 선불

○ 다시 한번 제 예약을 　→ もう一度私の予約を調べてく
　확인해 주세요. 　　 ださい。

모- 이찌도 와따시노 요야꾸오 시라베떼 쿠다사이

○ 숙박 카드에 　→ 宿泊カードにご記入ください。
　기입해 주십시오.

슈꾸하꾸 카-도니 고끼뉴-쿠다사이

記入 기입

○ 짐을 부탁합니다. 　→ 荷物をお願いします。

니모쯔오 오네가이시마스

체크아웃

- 체크아웃 부탁합니다.
  → チェックアウトお願いします。
  쳇쿠아우토 오네가이시마스

- 몇 시에 체크아웃 하시겠습니까?
  → 何時にチェックアウトしますか。
  난지니 쳇쿠아우토시마스까

- 10시에 체크아웃하려고 합니다.
  → 10時にチェックアウトします。
  쥬-지니 쳇쿠아우토시마스

- 이 항목은 무슨 요금입니까?
  → この項目は何の料金ですか。
  코노 코-모꾸와 난노 료-낀데스까

  項目 항목

- 저는 룸서비스를 시키지 않았는데요.
  → 私はルームサービスを頼みませんでした。
  와따시와 루-무 사-비스오 타노미마센데시따

  ルームサービス 룸서비스

- 잘못된 것 같은데요.
  → 間違っていると思うんですが。
  마찌갓떼 이루또 오모운데스가

  間違う 잘못되다, 틀리다

○ 짐을 로비로 내려다 주세요.
→ 荷物をロビーに下ろしてください。
니모쯔오 로비-니 오로시떼 쿠다사이
ロビー 로비/ 下ろす 내리다, 아래로 옮기다; 인출하다

숙박 시설 이용

○ 룸서비스를 부탁해도 될까요?
→ ルームサービスをお願いしてもいいですか。
루-무 사-비스오 오네가이시떼모 이-데스까

○ 세탁을 부탁합니다.
→ 洗濯をお願いします。
센따꾸오 오네가이시마스

洗濯 빨래

○ 귀중품을 보관하고 싶은데요.
→ 貴重品を保管したいのですが。
키쬬-힝오 호깐시따이노데스가

貴重品 귀중품/ 保管 보관

○ 6시에 모닝콜을 해 줄 수 있습니까?
→ 6時にモーニングコールをしてもらえますか。
로꾸지니 모-닝구코-루오 시떼 모라에마스까

○ 열쇠를 보관해 주시겠어요?
→ 鍵を保管してくれませんか。
카기오 호깐시떼 쿠레마셍까

鍵 열쇠

Chapter 4. 251

○ 카드키는 어떻게 사용하죠?
→ カードキーはどうやって使うのでしょう?
카-도키-와 도-얏떼 츠까우노데쇼-?

カードキー 카드키

○ 저한테 메시지 온 것이 있습니까?
→ 私宛のメッセージは来てませんか。
와따시아떼노 멧세-지와 키떼마셍까

宛 ~에 대해서, ~ 앞 / メッセージ 메시지

○ 이 짐을 비행기 시간까지 맡아 주시면 좋겠습니다만.
→ この荷物を飛行機時間まで預かって欲しいんですが。
코노 니모쯔오 히꼬-끼 지깜마데 아즈깟떼호시-ㄴ데스가

○ 이 짐을 한국으로 보내 주시겠어요?
→ この荷物を韓国に送ってくれませんか。
코노 니모쯔오 캉꼬꾸니 오꼿떼 쿠레마셍까

送る 보내다

○ 하루 더 연장하고 싶습니다만.
→ もう一日延長したいんですが。
모- 이찌니찌 엔쬬-시따인데스가

延長する 연장하다

○ 수건을 바꿔 주세요.
→ タオルを取り替えてください。
타오루오 토리까에떼 쿠다사이

숙박 시설 트러블

- 열쇠를 방에 두고 왔습니다.
  → 鍵を部屋に置いて来ました。
  카기오 헤야니 오이떼 키마시따

- 뜨거운 물이 나오지 않는데요.
  → 温水が出ないんですが。
  온스이가 데나인데스가

  温水 온수

- 화장실이 막혔어요.
  → トイレが詰まりました。
  토이레가 츠마리마시따

  詰まりる 막히다

- 방이 청소되어 있지 않은데요.
  → 部屋が掃除されていないんですが。
  헤야가 소-지사레떼 이나인데스가

- 옆방이 너무 시끄러운데요.
  → 隣の部屋がとてもうるさいです。
  토나리노 헤야가 토떼모 우루사이데스

  うるさい 시끄럽다

- 방이 엘리베이터에 너무 가까이 있는데, 바꿀 수 있을까요?
  → 部屋がエレベーターと近すぎますが、換えられますか。
  헤야가 에레베-타-또 치까스기마스가, 카에라레마스까

  エレベーター 엘리베이터

Chapter 4. 253

Unit 5 관광　　　　　　　　　　MP3. C4_U5

관광안내소

○ 관광안내소는 어디에 있나요?
➡ 観光案内所はどこにありますか。
캉꼬-안나이죠와 도꼬니 아리마스까

観光案内所 관광안내소

○ 이 도시의 지도를 한 장 부탁합니다.
➡ この都市の地図を1枚お願いします。
코노 토시노 치즈오 이찌마이 오네가이시마스

都市 도시 / 地図 지도

○ 무료 시내 지도는 있습니까?
➡ 無料の市街地図はありますか。
무료-노 시가이 치즈와 아리마스까

無料 무료 / 市街 시가, 거리

○ 지도를 좀 그려 주시겠습니까?
➡ 地図をちょっと書いてくれませんか。
치즈오 춋또 카이떼 쿠레마셍까

○ 이 근처에 명소를 추천해 주시겠어요?
➡ この付近にお勧めの見所はありますか。
코노 후낀니 오스스메노 미도꼬로와 아리마스까

付近 부근, 근처 / 見所 볼만한 곳

투어를 이용할 때

○ 여행에 예정된 것은 어떤 것이 있나요?
→ 旅行の予定はどんなものですか。
りょこう　よてい

료꼬-노 요떼-와 돈나 모노데스까

○ 하루짜리 투어가 있습니까?
→ 一日ツアーがありますか。
いちにち

이찌니찌 츠아-가 아리마스까

ツアー 투어

○ 몇 시에 어디에서 출발합니까?
→ 何時にどこから出発しますか。
なんじ　　　　　しゅっぱつ

난지니 도꼬까라 슙빠쯔시마스까

○ 몇 시간 걸리나요?
→ 何時間かかりますか。
なんじかん

난지깡 카까리마스까

○ 몇 시에 돌아올 수 있나요?
→ 帰りは何時ですか。
かえ　　なんじ

카에리와 난지데스까

帰り 돌아옴, 돌아감

○ 요금은 1인당 얼마인가요?
→ 料金は一人あたりいくらですか。
りょうきん　ひとり

료-낑와 히또리 아따리 이꾸라데스까

○ 가이드 포함입니까? → ガイド付きですか。
가이도쯔끼데스까

ガイド 가이드 / 付き (지위나 장소 등)에 부속되어 있음

○ 야경을 볼 수 있습니까? → 夜景を見れますか。
야께-오 미레마스까

夜景 야경

○ 식사는 포함되어 있습니까? → 食事は付いていますか。
쇼꾸지와 츠이떼 이마스까

付く 덧붙다

○ 어떤 투어가 있습니까? → どんなツアーがあるんですか。
돈나 츠아-가 아룬데스까

○ 오전 코스가 있습니까? → 午前のコースはありますか。
고젠노 코-스와 아리마스까

コース 코스

입장권을 살 때

○ 티켓은 어디서 살 수 있나요?
→ チケットはどこで買えますか。
치켓토와 도꼬데 카에마스까

○ 입장료는 얼마인가요?
→ 入場料はいくらですか。
뉴-죠-료-와 이꾸라데스까

入場料 입장료

○ 어른 두 장이랑 어린이 한 장 주세요.
→ 大人2枚と子供1枚ください。
오또나 니마이또 코도모 이찌마이 쿠다사이

大人 성인

○ 1시 공연의 좌석은 있습니까?
→ 1時の公演のチケットはありますか。
이찌지노 코-엔노 치켓토와 아리마스까

公演 공연

○ 단체 할인이 되나요?
→ 団体割引はありますか。
단따이 와리비끼와 아리마스까

割引 할인

○ 20명 이상의 단체는 20%의 할인이 됩니다.
→ 20人以上の団体は20%の割引になります。
니쥬-닝 이죠-노 단따이와 니쥽파-센토노 와리비끼니 나리마스

Chapter 4. 257

관람

○ 관람 시간은
몇 시까지인가요?
→ 観覧時間は何時までですか。
칸랑 지깡와 난지마데데스까

観覧 관람

○ 전망이
환상적이에요.
→ 眺めが幻想的です。
나가메가 겐소-떼끼데스

眺め 전망 / 幻想的だ 환상적이다

○ 이 시설은
7세 미만의 어린이만
이용 가능합니다.
→ この施設は7歳未満の子供のみ利用が可能です。
코노 시세쯔와 나나사이 미만노 코도모노미 리요-가 카노-데스

施設 시설 / 未満 미만

○ 내부를 둘러봐도
될까요?
→ 内部を見てもいいですか。
나이부오 미떼모 이-데스까

内部 내부

○ 출구는 어디인가요?
→ 出口はどこですか。
데구찌와 도꼬데스까

○ 퍼레이드는
언제 있습니까?
→ パレードはいつありますか。
파레-도와 이쯔 아리마스까

パレード 퍼레이드

길 묻기

○ 국립미술관으로 가려면, 어느 쪽으로 가야 하나요?
→ 国立美術館へ行くには、どの方向へ行けばいいですか。
코꾸리쯔 비쥬쯔깡에 이꾸니와, 도노 호-꼬-에 이께바 이-데스까

国立美術館 국립미술관

○ 도쿄타워로 가려면, 이 길이 맞습니까?
→ 東京タワーへ行くのは、この道で合ってますか。
토-꼬-타와-에 이꾸노와, 코노 미찌데 앗떼마스까

○ 역까지 가는 길을 가르쳐 주세요.
→ 駅まで行く道を教えてください。
에끼마데 이꾸 미찌오 오시에떼 쿠다사이

駅 역

○ 곧장 가셔서 두 번째 모퉁이에서 우회전하세요.
→ まっすぐ行って2番目の角で右折してください。
맛스구 잇떼 니밤메노 카도데 우세쯔시떼 쿠다사이

○ 여기에서 박물관까지는 얼마나 멉니까?
→ ここから博物館まではどのくらい遠いですか。
코꼬까라 하꾸부쯔깡마데와 도노쿠라이 토-이데스까

博物館 박물관

Chapter 4.

- 여기에서 먼가요? → ここから遠いですか。
  코꼬까라 토-이데스까

- 걸어갈 수 있나요? → 歩いて行けますか。
  아루이떼 이께마스까

- 걸어서 몇 분이나 걸리나요? → 歩いて何分くらいかかりますか。
  아루이떼 남뿡쿠라이 카까리마스까

- 걸어서 5분이면 됩니다. → 5分も歩けば着きます。
  고훔모 아루께바 츠끼마스

着く 닿다, 도착하다

- 좀 먼데요. 버스를 타는 것이 낫겠네요. → ちょっと遠いです。バスで行った方がいいですよ。
  춋또 토-이데스. 바스데 잇따 호-가 이-데스요

- 이 지도에서 제가 있는 곳은 어디인가요? → この地図で私がいる場所はどこですか。
  코노 치즈데 와따시가 이루 바쇼와 도꼬데스까

場所 장소

  **Unit 6 교통**   MP3. C4_U6

기차

- 하카다행 왕복 기차표 한 장 부탁합니다.

→ 博多行きの往復の切符を1枚ください。

하까따유끼노 오-후꾸노 킵뿌오 이찌마이 쿠다사이

切符 표

- 나라로 가는 침대칸 한 장 주세요. 위층으로 부탁합니다.

→ 奈良へ行く寝台車を1枚ください。
上階をお願いします。

나라에 이꾸 신다이샤오 이찌마이 쿠다사이.
죠-까이오 오네가이시마스

寝台車 침대차 / 上階 바로 하나 위층

- 열차의 배차 간격은 어떻게 되나요?

→ 列車は何分おきですか。

렛샤와 남뿡 오끼데스까

列車 열차, 기차 / ~おき 간격

- 30분 간격으로 다닙니다.

→ 30分おきで走っています。

산쥽뿡 오끼데 하싯떼 이마스

- 히메지행 열차는 몇 시에 출발합니까?

→ 姫路行きの列車は何時出発しますか。

히메지유끼노 렛샤와 난지 슙빠쯔시마스까

Chapter 4.

○ 열차가 30분 연착됐습니다. → 列車が30分延着になりました。

렛샤가 산쥬뿡 엔쨔꾸니 나리마시따

延着 연착

지하철

○ 이 근처에 지하철역이 있어요? → この近くに地下鉄の駅がありますか。

코노 치까꾸니 치까떼쯔노 에끼가 아리마스까

地下鉄 지하철

○ 매표소는 어디입니까? → 切符売り場はどこですか。

킵뿌우리바와 도꼬데스까

切符売り場 매표소

○ 지하철 노선도를 부탁합니다. → 地下鉄の路線図をください。

치까떼쯔노 로센즈오 쿠다사이

路線図 노선도

○ 어디에서 갈아타야 하나요? → どこで乗り換えないといけないんですか。

도꼬데 노리까에나이또 이께나인데스까

乗り換える 갈아타다

○ 요금은 얼마입니까? → 料金はいくらですか。

료-낑와 이꾸라데스까

○ 도쿄도청으로 나가는 출구가 어디인가요?
→ 東京都庁に出る出口はどこですか。

토-꾜-또쬬-니 데루 데구찌와 도꼬데스까

버스

○ 가까운 버스정류장은 어디인가요?
→ 最寄りのバス停はどこですか。

모요리노 바스떼-와 도꼬데스까

最寄り 가장 가까움 / バス停 버스정류장

○ 이 버스가 공항으로 가나요?
→ このバスは空港行きですか。

코노 바스와 쿠-꼬-유끼데스까

○ 어디에서 내리는지 알려 주시겠어요?
→ どこで下りるのか教えてくれませんか。

도꼬데 오리루노까 오시에떼 쿠레마셍까

下りる 내리다

○ 마지막 버스를 놓쳤어요.
→ 終バスに乗り遅れました。

슈-바스니 노리오꾸레마시따

終バス (그 날 배차의) 마지막 버스 / 乗り遅れる (차, 배를) 놓치다, 시간이 늦어 못 타다

○ 도중에 내릴 수 있나요?
→ 途中で下りることはできますか。

토쮸-데 오리루 코또와 데끼마스까

途中 도중

Chapter 4. 263

○ 이 자리는 비어 있습니까?	→ この席(せき)は空(あ)いていますか。 코노 세끼와 아이떼 이마스까

空く 비다

○ 여기에서 내리겠습니다.	→ ここで下(お)ります。 코꼬데 오리마스
○ 버스는 몇 분 간격으로 와요?	→ バスは何分間隔(なんぷんかんかく)で来(き)ますか。 바스와 남뿡 칸까꾸데 키마스까

間隔 간격

○ 15분마다 버스가 옵니다.	→ 15分(ふん)ごとにバスが来(き)ます。 쥬-고훈고또니 바스가 키마스
○ 버스 운임은 얼마예요?	→ バスの運賃(うんちん)はおいくらですか。 바스노 운찡와 오이꾸라데스까

運賃 운임

○ 신주쿠행 버스를 타세요.	→ 新宿行(しんじゅくゆ)きのバスに乗(の)ってください。 신쥬꾸유끼노 바스니 놋떼 쿠다사이
○ 이 버스는 에비스까지 갑니까?	→ このバスは恵比寿(えびす)まで行(い)きますか。 코노 바스와 에비스마데 이끼마스까

택시

○ 택시를
  불러 주시겠어요?
→ タクシーを呼んでもらえますか。
타쿠시-오 욘데 모라에마스까

タクシー 택시

○ 택시 승강장은
  어디에 있어요?
→ タクシーの乗り場はどこですか。
타쿠시-노 노리바와 도꼬데스까

乗り場 승강장

○ 택시를 못 잡겠어요.
→ タクシーが拾えません。
타쿠시-가 히로에마셍

拾う 차를 세워 타거나 태우다

○ 좀처럼 택시가
  안 잡히네.
→ なかなかタクシーつかまらないな。
나까나까 타쿠시- 츠까마라나이나
なかなか 좀처럼, 상당히 / つかまる (탈것이) 잡히다

○ 이 주소로
  가 주세요.
→ この住所へ行ってください。
코노 쥬-쇼에 잇떼 쿠다사이

住所 주소

○ 도쿄역까지
  부탁합니다.
→ 東京駅までお願いします。
토-꾜-에끼마데 오네가이시마스

Chapter 4. 265

- 급하니까, 지름길로 가 주세요. → 急いでいるので、近道で行ってください。

  이소이데 이루노데, 치까미찌데 잇떼 쿠다사이

  急ぐ 서두르다 / 近道 지름길

- 빨리 가 주세요. → 早く行ってください。

  하야꾸 잇떼 쿠다사이

- 저 모퉁이에 세워 주세요. → あの角に止めてください。

  아노 카도니 토메떼 쿠다사이

- 트렁크를 열어 주세요. → トランクを開けてください。

  토랑쿠오 아께떼 쿠다사이

  トランク 트렁크 / 開ける 열다

- 제 가방을 꺼내 주시겠어요? → 私のかばんを取り出してもらえますか。

  와따시노 카방오 토리다시떼 모라에마스까

  取り出す 꺼내다

- 좀 더 천천히 가 주세요. → もっとゆっくり走ってください。

  못또 육꾸리 하싯떼 쿠다사이

선박

- 1등칸으로 한 장 주세요.
  → 1等船室を1枚ください。
  잇또-센시쯔오 이찌마이 쿠다사이

- 제 선실은 어디입니까?
  → 私の船室はどこですか。
  와따시노 센시쯔와 도꼬데스까

  船室 선실

- 저는 뱃멀미를 합니다.
  → 私は船酔いをします。
  와따시와 후나요이오 시마스

  船酔い 뱃멀미

- 승선 시간은 몇 시입니까?
  → 乗船時間は何時ですか。
  죠-셍 지깡와 난지데스까

  乗船 승선

- 배를 타고 후쿠오카로 가고 있습니다.
  → 船で福岡へ行っています。
  후네데 후꾸오까에 잇떼 이마스

  船 배

- 악천후로 배는 출항할 수 없습니다.
  → 悪天候のため船が出港できません。
  아꾸뗑꼬-노 타메 후네가 슉꼬-데끼마셍

  悪天候 악천후 / 出港 출항

Chapter 4.

Chapter 5
긴급상황도 OK!

긴급한 일이나 사고를 당하면,
평소에 침착하던 사람도 당황합니다.
그럴 때일수록, 침착하세요!
필요한 말을 찾아 위기를 잘 극복해 보세요!

Unit 1 응급상황

Unit 2 길을 잃음

Unit 3 사건 & 사고

Words

- 救急車 きゅうきゅうしゃ 큐-뀨-샤
  명 구급차

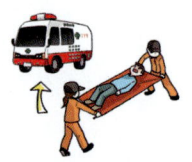
- 救助 きゅうじょ 큐-죠
  명 구조

- 警察 けいさつ 케-사쯔
  명 경찰

- 警察署 けいさつしょ 케-사쯔쇼
  명 경찰서

- 届 とどけ 토도께
  = 申告 しんこく 싱꼬꾸
  명 신고, 신고서

- 目撃者 もくげきしゃ 모꾸게끼샤
  명 목격자

- 泥棒 どろぼう 도로보-
  명 도둑, 도둑질

- すり 스리
  명 소매치기

○ **強盗** ごうとう 고-또-
  명 강도

○ **詐欺** さぎ 사기
  명 사기

○ **事故** じこ 지꼬
  명 사고

○ **衝突** しょうとつ 쇼-또쯔
  명 충돌

○ **火災** かさい 카사이
  명 화재

○ **消防車** しょうぼうしゃ 쇼-보-샤
  명 소방차

○ **地震** じしん 지싱
  명 지진

○ **津波** つなみ 츠나미
  명 해일, 쓰나미

Chapter 5. 271

Unit 1 응급상황　　　MP3. C5_U1

응급상황

○ 응급상황이에요. →　緊急の状況です。
きんきゅう じょうきょう
킹뀨-노 죠-꾜-데스

緊急 긴급 / 状況 상황

○ 병원까지 저를 데려다주시겠어요? →　病院まで私を連れて行ってもらえますか。
びょういん わたし つ い
뵤-임마데 와따시오 츠레떼 잇떼 모라에마스까

病院 병원

○ 친구가 쓰러져서 의식불명입니다. →　友達が倒れて意識不明です。
ともだち たお いしき ふめい
토모다찌가 타오레떼 이시끼후메-데스

倒れる 쓰러지다, 넘어지다 / 意識不明 의식불명

○ 다리를 심하게 다쳤어요. →　足をひどく怪我しました。
あし けが
아시오 히도꾸 케가시마시따

足 발 / 怪我 상처, 부상

○ 정확한 상태를 말씀해 주세요. →　正確な状況を言ってください。
せいかく じょうきょう い
세-까꾸나 죠-꾜-오 잇떼 쿠다사이

正確だ 정확하다

○ 응급실이 어디죠? →　救急センターはどこですか。
きゅうきゅう
큐-뀨-센터-와 도꼬데스까

救急センター 응급센터

○ 당장 그에게
응급 처치를 해야 해.
→ すぐ彼に応急手当をしなければ。

스구 카레니 오-큐-떼아떼오 시나께레바

応急手当 응급 치료

구급차

○ 구급차를
보내 주세요.
→ 救急車をお願いします。

큐-큐-샤오 오네가이시마스

救急車 구급차

○ 움직이지 못하게
하고, 구급차가
도착할 때까지
기다려 주세요.
→ 動かないようにして、救急車が到着するまでお待ちください。

우고까나이요-니 시떼, 큐-큐-샤가 토-쨔꾸스루마데 오마찌쿠다사이

動く 움직이다

○ 구급차가
바로 갑니다.
→ 救急車がすぐ行きます。

큐-큐-샤가 스구 이끼마스

○ 구급차가 올 때까지,
제가 할 수 있는 것이
있나요?
→ 救急車が来るまで、私にできることはありますか。

큐-큐-샤가 쿠루마데, 와따시니 데끼루 코또와 아리마스까

○ 미우라 씨는
구급차의 들것에
눕혀졌다.
→ 三浦さんは救急車の担架に乗せられた。

미우라상와 큐-큐-샤노 탕까니 노세라레따

担架 들것

Chapter 5. 273

Unit 2 길을 잃음　　　MP3. C5_U2

길을 잃음

○ 길을 잃었어요.　→ 道に迷いました。
　　　　　　　　　　미찌니 마요이마시따

○ 지금 있는 곳은 어디인가요?　→ 今いる所はどこですか。
　　　　　　　　　　이마 이루 토꼬로와 도꼬데스까

○ 여기가 어디인지 모르겠어요.　→ ここがどこか分かりません。
　　　　　　　　　　코꼬가 도꼬까 와까리마셍

○ 주변에 보이는 것을 말씀해 주시겠어요?　→ まわりに見えるものをおっしゃってもらえますか。
　　　　　　　　　　마와리니 미에루 모노오 옷샷떼 모라에마스까

> まわり 주변

미아

○ 딸을 잃어버렸어요. ➜ 娘とはぐれてしまいました。
무스메또 하구레떼 시마이마시따

娘 딸

○ 어디에서 잃어버리셨나요? ➜ どこではぐれてしまいましたか。
도꼬데 하구레떼 시마이마시따까

はぐれる 일행을 놓치다

○ 생김새랑 옷의 특징을 알려 주세요. ➜ 顔や服の特徴を教えてください。
카오야 후꾸노 토꾸쬬-오 오시에떼 쿠다사이

特徴 특징

○ 미아 방송을 해 주시겠어요? ➜ 迷子の放送をしてもらえますか。
마이고노 호-소-오 시떼 모라에마스까

迷子 미아 / 放送 방송

○ 미아보호소가 어디예요? ➜ 迷子の保護センターはどこですか。
마이고노 호고센타-와 도꼬데스까

保護センター 미아보호소

○ 미아 광고를 냅시다. ➜ 迷子の広告を出しましょう。
마이고노 코-꼬꾸오 다시마쇼-

広告 광고

Chapter 5. 275

Unit 3 사건 & 사고

분실사고

○ 분실물 보관소는 어디인가요?
→ 落とし物保管所はどこですか。
오또시모노 호깐죠와 도꼬데스까

落し物 분실물 / 保管所 보관소

○ 언제 어디에서 분실하셨나요?
→ いつどこで落としましたか。
이쯔 도꼬데 오또시마시따까

○ 신용카드를 잃어버렸습니다.
→ クレジットカードを落としました。
쿠레짓토카-도오 오또시마시따

→ クレジットカードをなくしました。
쿠레짓토카-도오 나꾸시마시따

クレジットカード 신용카드

○ 택시 안에 지갑을 두고 내렸어요.
→ タクシーの中に財布を置き忘れました。
타쿠시-노 나까니 사이후오 오끼와스레마시따

財布 지갑

○ 어디에서 잃어버렸는지 기억나지 않아요.
→ どこで落としたのか覚えがありません。
도꼬데 오또시따노까 오보에가 아리마셍

覚える 기억하다

분실신고 & 분실물 센터

- 분실물은 저희가 책임질 수 없습니다.
  → 落し物は私どもが責任を取ることはできません。
  오또시모노와 와따시도모가 세끼닝오 토루 코또와 데끼마셍
  責任を取る 책임을 지다

- 분실물 신청서를 작성해 주세요.
  → 落し物申請用紙を書いてください。
  오또시모노 신세- 요-시오 카이떼 쿠다사이
  用紙 용지

- 분실한 짐을 찾으러 왔습니다.
  → 落とした物を探しにきました。
  오또시따 모노오 사가시니 키마시따

- 분실한 카드를 신고하려고 합니다.
  → カードの紛失届けを出します。
  카-도노 훈시쯔또도께오 다시마스
  紛失届け 분실 신고

- 분실물 센터에 가 보는 게 좋겠다.
  → 落し物センターへ行ってみるといい。
  오또시모노 센타-에 잇떼 미루또 이-

도난

○ 도둑이야!　→ 泥棒ッ!
　　　　　　　　どろぼう
　　　　　　　　도로보-ㅅ!

　　　　　　　　　　　　　　　　泥棒 도둑

○ 저놈을 잡아 주세요.　→ そいつを捕まえてください。
　　　　　　　　　　　　　　　つか
　　　　　　　　　　　　소이쯔오 츠까마에떼 쿠다사이

　　　　　　　　　　　　　そいつ 그놈 / 捕まえる 붙잡다

○ 제 지갑을　→ 私の財布が盗まれました。
　도난당했습니다.　わたし さいふ ぬす
　　　　　　　　　와따시노 사이후가 누스마레마시따

　　　　　　　　　　　　　　　盗まれる 도둑맞다

○ 그가 제 지갑을　→ 彼が私の財布を盗みました。
　훔쳤습니다.　　　かれ わたし さいふ ぬす
　　　　　　　　　카레가 와따시노 사이후오 누스미마시따

○ 누가 제 가방을　→ 誰かに私のかばんを持って
　가져갔어요.　　　だれ　　わたし　　　　　　も
　　　　　　　　　行かれました。
　　　　　　　　　い
　　　　　　　　　다레까니 와따시노 카방오 못떼 이까레마시따

○ 경비원을 불러 주세요.　→ 警備員を呼んでください。
　　　　　　　　　　　　　　けいびいん　よ
　　　　　　　　　　　　케-비잉오 욘데 쿠다사이

　　　　　　　　　　　　　　　　警備員 경비원

○ 경찰을 부르겠어요. ➡ 警察を呼びますよ。

케-사쯔오 요비마스요

警察 경찰

○ 강도를 당했어요. ➡ 強盗にあいました。

고-또-니 아이마시따

強盗 강도

○ 이웃에서 도난 사건이 몇 건 일어났다. ➡ 近所で盗難事件が数件起きた。

킨죠데 토-난 지껭가 스-껭 오끼따

近所 근처 / 盗難 도난 / 事件 사건 / 数件 수 건

○ 도난 신고는 했어요? ➡ 盗難届けは出しましたか。

토-난토도께와 다시마시따까

○ 그는 가게에서 물건을 훔치다가 들켰다. ➡ 店で彼の万引きが見つかった。

미세데 카레노 맘비끼가 미쯔깟따

万引き 물건을 사는 체하고 훔침, 또는 그런 사람

○ 어젯밤에 우리 집에 도둑이 들었다. ➡ 夕べ私の家に泥棒が入った。

유-베 와따시노 이에니 도로보-가 하잇따

○ 외출한 사이에 누군가가 방에 침입했습니다. ➡ 外出している間に誰かが部屋に押し入りました。

가이슈쯔시떼 이루 아이다니 다레까가 헤야니 오시이리마시따

外出する 외출하다 / 押し入る 억지로 들어가다

Chapter 5. 279

소매치기

- 소매치기야!
  → **すりッだ!**
  스릿다!

  すり 소매치기

- 소매치기 주의!
  → **すりご用心!**
  스리 고요-징!

  用心 조심, 주의

- 소매치기를 조심하세요!
  → **すりにご注意ください!**
  스리니 고쮸-이 쿠다사이!

  注意 주의

- 소매치기가 내 지갑을 훔쳤어요.
  → **すりが私の財布をすりました。**
  스리가 와따시노 사이후오 스리마시따

- 여기에서는 지갑을 조심하세요. 소매치기가 많이 일어나고 있습니다.
  → **ここでは財布にご注意ください。**
  すりが多発しています。
  코꼬데와 사이후니 고쮸-이 쿠다사이.
  스리가 타하쯔시떼 이마스

- 오늘 아침, 지하철에서 소매치기를 당했다. → 今朝、地下鉄ですられました。
  케사, 치까떼쯔데 스라레마시따

사기

- 그는 사기꾼이에요. → 彼は詐欺師です。
  카레와 사기시데스

  → 彼はいかさまし です。
  카레와 이까사마시데스

  詐欺師 사기꾼

- 사기치지 마! → だますな!
  다마스나!

  だます 속이다

- 그는 내게 사기를 쳐서 돈을 빼앗았다. → 彼は私をだまして金を奪った。
  카레와 와따시오 다마시떼 카네오 우밧따

  金 돈 / 奪う 빼앗다

- 사기를 당했습니다. → 詐欺にあいました。
  사기니 아이마시따

  詐欺 사기

○ 택시 운전 기사한테 사기 당했어.
→ タクシーの運転手にだまされた。
타쿠시-노 운뗀슈니 다마사레따

→ タクシーの運転手にぼったくられた。
타쿠시-노 운뗀슈니 봇따꾸라레따

運転手 운전 기사 / ぼったくる 바가지 씌우다

○ 그건 진짜 사기야.
→ それは本当に詐欺だ。
소레와 혼또-니 사기다

○ 그는 사기를 당해서, 모든 것을 잃었다.
→ 彼は詐欺にあって、全てを失った。
카레와 사기니 앗떼, 스베떼오 우시낫따

失う 잃다

○ 그는 사기죄로 체포됐다.
→ 彼は詐欺罪で逮捕された。
카레와 사기자이데 타이호사레따

逮捕 체포

○ 그는 날 협박해서 돈을 사기쳤어요.
→ 彼は私を脅迫してお金を騙し取った。
카레와 와따시오 쿄-하꾸시떼 오까네오 다마시똣따

脅迫する 협박하다 / 騙し取る 속여서 빼앗다, 가로채다

○ 나는 그 사기꾼의 말을 다 믿었다.
→ 私はその詐欺師の話を全部信じた。
와따시와 소노 사기시노 하나시오 젬부 신지따

○ 그는 완벽한 사기꾼이야. → 彼は完璧な詐欺師だ。

카레와 캄뻬끼나 사기시다

完璧だ 완벽하다

경찰 신고

○ 여기에서 가장 가까운 경찰서가 어디인가요? → ここから一番近い警察署はどこですか。

코꼬까라 이찌방 치까이 케-사쯔쇼와 도꼬데스까

警察署 경찰서

○ 경찰을 불러 주세요. → 警察を呼んでください。

케-사쯔오 욘데 쿠다사이

○ 도난신고를 하려고 합니다만. → 盗難届けを出したいんですけど。

토-난토도께오 다시따인데스께도

○ 어디에 신고해야 합니까? → どこに通報すればいいですか。

도꼬니 츠-호-스레바 이-데스까

通報 통보

○ 가까운 경찰서에 가서 신고하는 게 좋겠어요. → 最寄の警察署に通報すればいいと思います。

모요리노 케-사쯔쇼니 츠-호스레바 이-또 오모이마스

Chapter 5. 283

교통사고

○ 교통사고 신고를
  하려고 합니다.
→ 交通事故の通報をしたいです。
  코-쯔-지꼬노 쯔-호-오 시따이데스

○ 교통사고를
  목격했습니다.
→ 交通事故を目撃しました。
  코-쯔-지꼬오 모꾸게끼시마시따

目撃 목격

○ 교통사고를
  당했어요.
→ 交通事故にあいました。
  코-쯔-지꼬니 아이마시따

○ 그 차가
  내 차의 측면을
  들이받았어요.
→ その車が私の車の側面に衝突しました。
  소노 쿠루마가 와따시노 쿠루마노 소꾸멘니 쇼-쯔시마시따

側面 측면 / 衝突 충돌

○ 정면 충돌이었어요.
→ 正面衝突でした。
  쇼-멩 쇼-쯔데시따

正面 정면

○ 그 교통사고는
  언제 일어났죠?
→ その交通事故はいつ起こりましたか。
  소노 코-쯔-지꼬와 이쯔 오꼬리마시따까

○ 운전면허증을 보여 주세요.
→ 運転免許証を見せてください。
운뗌멩꾜쇼-오 미세떼 쿠다사이

○ 보험은 가입되어 있나요?
→ 保険に加入していますか。
호껜니 카뉴-시떼 이마스까

保険 보험 / 加入する 가입하다

○ 이곳은 교통사고 다발지점이에요.
→ ここは交通事故多発地点です。
코꼬와 코-쯔-지꼬 타하쯔 치뗀데스

地点 지점, 곳

○ 음주 측정기를 불어 주십시오.
→ 飲酒測定器に息を吹きかけてください。
인슈 소꾸떼-끼니 이끼오 후끼까께떼 쿠다사이

飲酒測定器 음주 측정기 / 息 호흡, 숨

○ 정지 신호에서 멈추지 않았어요.
→ 停止信号で止まりませんでした。
테-시 싱고-데 토마리마센데시따

停止信号 정지 신호

○ 하마터면 사고를 당할 뻔했어요.
→ 危うく事故にあうところでした。
아야우꾸 지꼬니 아우 토꼬로데시따

危うく 가까스로, 겨우

Chapter 5.　285

화재

○ 불이야! → 火事だ!
카지다!

火事 화재

○ 산불이야! → 山火事だ!
야마카지다!

○ 소방서에 연락해 주세요. → 消防署に連絡してください。
쇼-보-쇼니 렌라꾸시떼 쿠다사이

消防署 소방서

○ 어젯밤에 화재가 났어요. → 夕べ火災がありました。
유-베 카사이가 아리마시따

火災 화재

○ 그는 지난달에 화재를 당했어요. → 彼は先月火災にあいました。
카레와 셍게쯔 카사이니 아이마시따

○ 어젯밤 화재로 그 빌딩이 전소됐습니다. → 昨夜火災でそのビルが全焼しました。
사꾸야 카사이데 소노 비루가 젠쇼-시마시따

全焼する 전소하다

○ 화재의 연기 때문에 목과 눈이 화끈거린다.
→ 火災の煙のために喉と目がひりひり痛む。

카사이노 케무리노 타메니 노도또 메가 히리히리 이따무
喉 목구멍/ 目 눈/ ひりひり 얼얼, 뜨끔뜨끔/ 痛む 아프다

○ 우리는 화재 현장에서 대피했다.
→ 私たちは火災現場から避難した。

와따시따찌와 카사이 겜바까라 히난시따
現場 현장/ 避難 피난

○ 불이 빨리 번졌어.
→ 火のまわりが早かった。

히노 마와리가 하야깟따

火 불

○ 연기가 순식간에 퍼졌어.
→ 煙がみるみる広がった。

케무리가 미루미루 히로갓따

みるみる 순식간에

○ 곧 불이 꺼졌어.
→ すぐ火が消えたよ。

스구 히가 키에따요

○ 작은 불로 끝나서 다행이구나.
→ ぼやで済んでよかったね。

보야데 슨데 요깟따네

ぼや 작은 불/ 済む 완료되다

○ 화재경보기가 울리면, 즉시 여기에서 나가세요.
→ 火災報知器の音がしたら、すぐここから出てください。

카사이 호-찌끼노 오또가 시따라, 스구 코꼬까라 데떼 쿠다사이
火災報知器 화재경보기

Chapter 5. 287

- 그 화재의 원인이 뭐예요?
→ その火災の原因は何ですか。
소노 카사이노 겡잉와 난데스까

原因 원인

- 그 화재는 누전으로 인해 일어났다.
→ その火災は漏電によって起こった。
소노 카사이와 로-덴니 욧떼 오꼿따

漏電 누전

- 원인 모를 화재입니다.
→ 不審火です。
후심비데스

不審 자세히 알지 못함

- 그 화재 원인은 확실하지 않아요.
→ その火災の原因ははっきりしません。
소노 카사이노 겡잉와 학끼리시마셍

- 매년 이맘때면 화재가 잘 발생한다.
→ 毎年今頃火災が起きやすい。
마이또시 이마고로 카사이가 오끼야스이

今頃 이맘때

지진

- 간밤에, 지진이 일어났어요.
  → 夕べ、地震がありました。
  유-베, 지싱가 아리마시따

  地震 지진

- 지진으로 땅이 갈라졌다.
  → 地震で地面がひび割れた。
  지신데 지멩가 히비와레따

  地面 지면 / ひび割れる 금이 가다

- 그 마을은 지진으로 파괴되었다.
  → その村は地震で破壊された。
  소노 무라와 지신데 하까이사레따

  村 마을 / 破壊 파괴

- 도쿄에 진도 8.2의 지진이 발생했다.
  → 東京で震度8.2の地震が起こった。
  토-꾜-데 신도 하찌뗀니노 지싱가 오꼿따

  震度 진도

- 지진으로 집이 움직였다.
  → 地震で家がゆれた。
  지신데 이에가 유레따

  ゆれる 흔들리다

- 이처럼 큰 지진은 처음이다.
  → こんなに大きな地震は初めてだ。
  콘나니 오-끼나 지싱와 하지메떼다

Chapter 5. 289

- 이번 지진 피해는 큰 것이 아니었다.
→ 今度の地震の被害は大したものではなかった。
콘도노 지신노 히가이와 타이시따 모노데와나깟따

- 이번 지진으로 많은 집이 허물어졌다.
→ 地震で多くの家が壊れた。
지신데 오-꾸노 이에가 코와레따

壊れる 파손되다

- 지진이 발생하면 책상 아래로 들어가세요.
→ 地震が起きたら机の下に入ってください。
지싱가 오끼따라 츠꾸에노 시따니 하잇떼 쿠다사이

机 책상

- 지진이 무섭지 않은 사람은 없다.
→ 地震が怖くない人はいない。
지싱가 코와꾸나이 히또와 이나이

- 이 건물이라면 어떤 지진에도 끄떡없다.
→ この建物ならどんな地震でも大丈夫だ。
코노 타떼모노나라 돈나 지신데모 다이죠-부다

建物 건물

- 여진이 있을지도 몰라.
→ 余震があるかもしれないよ。
요싱가 아루카모시레나이요

余震 여진

안전사고

- 그는 수영 중 익사할 뻔했다.
  → 彼は水泳中おぼれて死に掛けた。
  카레와 스이에-쮸- 오보레떼 시니까께따
  おぼれる 물에 빠지다/ 死に掛ける 다 죽어 가다

- 바다에 빠진 소년은 익사했다.
  → 海で少年は溺死した。
  우미데 쇼-넹와 데끼시시따
  溺死 익사

- 그는 감전되어 죽을 뻔했다.
  → 彼は感電して死ぬところだった。
  카레와 칸덴시떼 시누또꼬로닷따
  感電 감전

- 계단에서 미끄러졌어.
  → 階段から滑った。
  카이당까라 스벳따
  階段 계단/ 滑る 미끄러지다

- 그는 미끄러지기 전에 재빨리 난간을 잡았다.
  → 彼は滑る前にすばやく手すりを握った。
  카레와 스베루 마에니 스바야꾸 테스리오 니깃따
  手すり 난간/ 握る 쥐다

- 미끄러지지 않도록 조심하세요.
  → 滑らないように注意してください。
  스베라나이요-니 츄-이시떼 쿠다사이

○ 돌에 걸려 넘어졌어요.
→ 石につまずいて転びました。
이시니 츠마즈이떼 코로비마시따

石 돌/ つまずく 발이 걸려 넘어지다/
転ぶ 쓰러지다, 구르다

○ 돌에 걸려 발목을 삐었다.
→ 石につまずいて足首をくじいた。
이시니 츠마즈이떼 아시쿠비오 쿠지-따

足首 발목/ くじく 삐다, 접질리다

○ 그녀는 중심을 잃고 넘어졌다.
→ 彼女はバランスをくずして倒れた。
카노죠와 바란스오 쿠즈시떼 타오레따

バランス 밸런스, 균형/ くずす 흐트리다

○ 그녀는 발을 헛디뎌 넘어졌다.
→ 彼女は足がもつれて転んだ。
카노죠와 아시가 모쯔레떼 코론다

もつれる 꼬이다

○ 자전거를 타다가 넘어졌어요.
→ 自転車に乗っていて、転びました。
지뗀샤니 놋떼 이떼, 코로비마시따

自転車 자전거

○ 할머니는 넘어져서 무릎을 다치셨어.
→ おばあさんは転んで膝を怪我した。
오바-상와 코론데 히자오 케가시따

膝 무릎

Chapter 6

너희들 덕에 편하구나!

이제는 컴퓨터나 휴대전화 없이 생활할 수 없죠.
깜박 잊고 휴대전화를 빠뜨리고 외출한 날에는 안절부절,
인터넷이 잘 안되면 무인도에 갇힌 듯한 느낌!
이런 것들로 편리해진 삶도 좋지만, 인정(人情)은 잃지 말아요.

Unit 1 컴퓨터

Unit 2 인터넷

Unit 3 휴대전화

Words

○ コンピューター 콤퓨-타-
  = パソコン 파소콩
  명 컴퓨터

○ ノートパソコン 노-토 파소콩
  명 노트북 컴퓨터

○ キーボード 키-보-도
  명 키보드

○ マウス 마우스
  명 마우스

○ プリンター 프링타-
  명 프린터

○ ファイル 화이루
  명 파일

○ 電源でんげんを入いれる 뎅겡오 이레루
  전원을 켜다

○ 電源でんげんを切きる 뎅겡오 키루
  전원을 끄다

○ 電話でんわ 뎅와
명 전화

○ 携帯電話けいたいでんわ 케-따이뎅와
명 휴대전화

○ 電話でんわをかける 뎅와오 카께루
전화를 걸다

○ 電話でんわを切きる 뎅와오 키루
전화를 끊다

○ メール 메-루
명 문자 메시지

○ 着信ちゃくしんメロディ 착싱 메로디
명 벨 소리

○ マナーモード 마나-모-도
명 (휴대전화의) 진동

○ 充電じゅうでん 쥬-뎅
명 충전

Unit 1 컴퓨터

MP3. C6_U1

컴퓨터

○ 컴퓨터를 켜고 끄는 법을 아세요?
→ コンピューターのつけ方と消し方を知っていますか。
콤퓨-타-노 츠께까따또 케시까따오 싯떼 이마스까

コンピューター 컴퓨터

○ 그는 컴퓨터에 대해서 잘 알고 있다.
→ 彼はコンピューターを熟知している。
카레와 콤퓨-타-오 쥬꾸찌시떼 이루

熟知 숙지

○ 저는 컴맹이에요.
→ 私はコンピューター音痴です。
와따시와 콤퓨-타- 온찌데스

音痴 특정한 감각이 둔함, 또는 그런 사람

○ 요즘 노트북 컴퓨터는 필수품이 되어 버렸어.
→ 最近ノートパソコンは必需品になった。
사이낑 노-토파소콩와 히쯔쥬힌니 낫따

ノートパソコン 노트북

○ 전 컴퓨터를 어떻게 작동시키는지 모르는데요.
→ 私はコンピューターの使い方を知りません。
와따시와 콤퓨-타-노 츠까이까따오 시리마셍

○ 컴퓨터가 느려서 파일이 안 열려.
→ コンピューターが遅くてファイルが開かない。
콤퓨-타-가 오소꾸떼 화이루가 히라까나이

ファイル 파일

○ 설치를 끝내려면 컴퓨터를 다시 시작해야 합니다.
→ インストールを完了するにはコンピューターを再起動しなければなりません。

인스토-루오 칸료-스루니와 콤퓨-타-오 사이끼도-시나께레바 나리마셍

インストール 설치/ 完了する 완료하다/ 再起動 리부팅

○ 컴퓨터가 고장 났어요.
→ コンピューターが壊れました。

콤퓨-타-가 코와레마시따

○ 바이러스 치료 프로그램을 실행시키세요.
→ ウイルスソフトを機動してください。

우이루스소후토오 키도-시떼 쿠다사이

ウイルスソフト 백신 프로그램/ 機動 기동

○ 그는 타자가 느리잖아, 독수리 타법이니까.
→ 彼はタイピングが遅いよ、人差し指タイピングだから。

카레와 타이핑구가 오소이요, 히또사시유비 타이핑구다까라

タイピング 타이핑/ 人差し指 집게손가락

컴퓨터 모니터

- 모니터가 켜지지 않아요.
  → モニターがつきません。
  모니타-가 츠끼마셍

  モニター 모니터

- 모니터가 어떻게 된 거예요?
  → モニターがどうなりましたか。
  모니타-가 도-나리마시따까

- 넌 LCD 모니터가 있잖아.
  → あなたはLCDモニターがあるじゃない。
  아나따와 에루시-디- 모니타-가 아루쟈나이

- 모니터가 망가졌다.
  → モニターが壊れた。
  모니타-가 코와레따

- 모니터 화면이 흔들려요.
  → モニターの画面がゆれます。
  모니타-노 가멩가 유레마스

  画面 화면

컴퓨터 사양

○ 컴퓨터 용량이 어떻게 되니?
→ コンピューター容量(ようりょう)はどのくらい？
콤퓨-타- 요-료-와 도노꾸라이?

○ 컴퓨터 사양이 낮아서 이 게임을 할 수 없어.
→ コンピューターのスペックが不足(ふそく)していてこのゲームができない。
콤퓨-타-노 스펙쿠가 후소꾸시떼 이떼 코노 게-무가 데끼나이

スペック 스펙, 사양

○ 어떤 OS를 쓰고 있어?
→ 何(なん)のOSを使(つか)っている？
난노 오-에스오 츠깟떼 이루?

컴퓨터 키보드 & 마우스

○ 그는 키보드로 입력하고 있어요.
→ 彼^{かれ}はキーボードでタイプしています。
카레와 키-보-도데 타이푸시데 이마스
キーボード 키보드/ タイプする 타이핑하다

○ 메뉴의 밑줄친 문자는 키보드 단축키로 항목을 선택할 수 있습니다.
→ アンダーラインされたメニューはキーボード短縮^{たんしゅく}キーで項目^{こうもく}を選択^{せんたく}できます。
안다-라인사레따 메뉴-와 키-보-도 탄슈꾸키-데 코-모꾸오 센따꾸데끼마스

アンダーライン 밑줄/ 短縮キー 단축키/ 選択 선택

○ 키보드가 꼼짝도 안 하네요.
→ キーボードが動^{うご}かないんです。
키-보-도가 우고까나인데스

○ 마우스로 아래쪽 화살표 버튼을 클릭하세요.
→ マウスで矢印^{やじるし}ボタンをクリックしなさい。
마우스데 야지루시 보탕오 쿠릭쿠시나사이
マウス 마우스/ 矢印 화살표/ ボタン 버튼/ クリック 클릭

○ 무선 마우스가 있으면 좋겠는데.
→ 無線^{むせん}マウスが欲^ほしいなあ。
무센 마우스가 호시-나-

302

컴퓨터 프린터

- 테스트 페이지를 프린터로 보내고 있어요.
  → テストページをプリンターに送っlegally ています。
  테스토 페-지오 푸린타-니 오굿떼 이마스
  プリンター 프린터기

- 프린터기의 토너가 떨어졌어요.
  → プリンターのトナーがきれました。
  푸린타-노 토나-가 키레마시따
  トナー 토너

- 이 새 프린터 카트리지는 얼마나 하나요?
  → この新しいプリンターカートリッジはいくらですか。
  코노 아따라시- 푸린타- 카-토릿지와 이꾸라데스까
  カートリッジ 카트리지

- 프린터기에 종이가 걸렸어요.
  → プリンターに紙がひっかかりました。
  푸린타-니 카미가 힉까까리마시따
  ひっかかりる 걸리다

- 프린터 용지가 다 떨어졌네요.
  → プリンターの紙が全部なくなりましたね。
  푸린타-노 카미가 젬부 나꾸나리마시따네

Chapter 6. 303

복사기

○ 새 복사기 사용법 가르쳐 줄래요?
→ 新しいコピー機の使い方を教えてくれますか。

아따라시- 코피-끼노 츠까이까따오 오시에떼 쿠레마스까

コピー機 복사기

○ 복사기에 걸린 종이 빼는 것 좀 도와줄래요?
→ コピー機にひっかかった紙を抜くのをちょっと手伝ってくれますか。

코피-끼니 힉까깟따 카미오 누꾸노오 춋또 테쯔닷떼 쿠레마스까

○ 복사기에 문제가 있어요.
→ コピー機に問題があります。

코피-끼니 몬다이가 아리마스

○ 이거, 컬러 복사로 20부 부탁해요.
→ これ、カラーコピーで20部お願いします。

코레, 카라- 코피-데 니쥬-부 오네가이시마스

コピー 복사

○ 확대 복사는 어떻게 하는 거지?
→ 拡大コピーってどうやるんだろう?

카꾸다이 코피-ㅅ떼 도- 야룬다로-?

拡大 확대

문서 작업

○ 워드프로세서 정도 사용할 줄 알아요.
→ ワードプロセッサ程度ならできます[やれます]。
와-도푸로셋사 떼-도나라 데끼마스[야레마스]
ワードプロセッサ 워드프로세서/ 程度 정도

○ 저는 주로 한글 프로그램을 사용합니다.
→ 私は主にハングルプログラムを使います。
와따시와 오모니 항구루 푸로구라무오 츠까이마스
ハングルプログラム 한글 프로그램

○ 엑셀 프로그램을 잘 다루니?
→ エクセルを使いこなせる?
에쿠세루오 츠까이꼬나세루?
エクセル 엑셀

○ 버튼을 클릭해 봐.
→ ボタンをクリックしてみて。
보탕오 쿠릭쿠시떼 미떼

○ 글꼴을 고딕체로 바꿔라.
→ 書体をゴシック体に換えなさい。
쇼따이오 고식쿠따이니 카에나사이
書体 서체/ ゴシック体 고딕체

○ 글자 크기를 크게 하면 어때?
→ 字の大きさを大きくしたらどう?
지노 오-끼사오 오-끼꾸 시따라 도-?
字 글자

Chapter 6.   305

- 인용문은 파란색으로 표시해라.
→ 引用文は青で表示しなさい。
잉요-붕와 아오데 효-지시나사이

引用文 인용문/ 表示 표시

- 제목을 굵게 표시하는 게 낫다.
→ 題名を太く表すのがいい。
다이메-오 후또꾸 아라와스노가 이-

題名 제목/ 太い 굵다/ 表す 나타내다

- 이 단락을 복사해서 네 파일에 붙여라.
→ この段落をコピーしてあなたのファイルに貼り付けなさい。
코노 단라꾸오 코피-시떼 아나따노 화이루니 하리쯔께나사이

段落 단락/ 貼り付ける 붙이다

- 표와 그래프를 넣어 줄래요?
→ 表とグラフを入れてくれますか。
효-또 구라후오 이레떼 쿠레마스까

表 표/ グラフ 그래프

- 이 문서를 txt 형식으로 저장해 주세요.
→ この文書をtxt形式で保存してください。
코노 분쇼오 테키스토 케-시끼데 호존시떼 쿠다사이

文書 문서/ 形式 형식/ 保存する 저장하다

- 문서에 페이지 번호를 표시해 주세요.
→ 文書にページ番号を付けてください。
분쇼니 페-지 방고-오 츠께떼 쿠다사이

파일 저장 & 관리

- 실수로 파일을 지웠어요.
  → うっかりしてファイルを消してしまいました。
  욱까리시떼 화이루오 케시떼 시마이마시따
  うっかりする 깜박하다

- 원본 파일은 갖고 있죠?
  → 原本ファイルは持っていますよね?
  겜뽕 화이루와 못떼 이마스요네?
  原本 원본

- 아, 파일을 덮어써 버렸네.
  → ああ、ファイルに上書きしてしまいました。
  아-, 화이루니 우와가끼시떼 시마이마시따
  上書きする 겹쳐 쓰다

- 어느 파일에 저장했습니까?
  → どのファイルに保存しましたか。
  도노 화이루니 호존시마시따까

- 파일을 저장할 다른 이름을 고르세요.
  → ファイルを保存する時は他の名前を選んでください。
  화이루오 호존스루 토끼와 호까노 나마에오 에란데 쿠다사이
  選ぶ 고르다

- 이 파일에 비밀번호를 설정했어.
  → このファイルに暗証番号を設定した。
  코노 화이루니 안쇼-방고-오 셋떼-시따
  暗証番号 비밀번호 / 設定 설정

Chapter 6. 307

○ 자료는 외장하드에 백업했습니다.
→ 資料は外付けハードディスクでバックアップしました。

시료-와 소또즈께 하-도디스쿠데 박쿠압푸시마시따

資料 자료 / 外付けハードディスク 외장형 하드 디스크 / バックアップする 백업하다

○ 손상된 파일을 복구할 수 있어?
→ 壊れたファイルを復旧できるの?

코와레따 화이루오 훗큐-데끼루노?

復旧 복구

○ 정기적으로 바이러스 체크하는 것 잊지 마.
→ 定期的なウイルスチェックを忘れるな。

테-끼떼끼나 우이루스쳌쿠오 와스레루나

定期的だ 정기적이다

○ 10분마다 자동저장 되도록 설정했다.
→ 10分毎に自動バックアップするよう設定した。

쥽뿐고또니 지도- 박쿠압푸스루요- 셋떼-시따

自動 자동

○ 그 파일을 복사해서 내 USB에 저장해 줘.
→ このファイルをコピーして私のUSBに保存してくれ。

코노 화이루오 코피-시떼 와따시노 유-에스비-니 호존시떼 쿠레

Unit 2 인터넷

인터넷

- 웹서핑 하면서 시간을 때워.
  → ネットサーフィンして時間を潰す。
  넷토사-휭시떼 지깡오 츠부스
  ネットサーフィン 웹서핑/ 潰す 부수다, 망치다

- 그냥 인터넷을 훑어보는 중이야.
  → ただインターネットをしてるだけ。
  타다 인타-넷토오 시떼루다께

- 인터넷을 하다 보면 시간 가는 줄 모르겠어.
  → インターネットをしていて時間がたつのを忘れていた。
  인타-넷토오 시떼 이떼 지깡가 타쯔노오 와스레떼 이따
  たつ (시간이) 지나다, 흐르다

- 어떻게 인터넷에 접속하죠?
  → どうやってインターネットに繋ぎますか。
  도-얏떼 인타-넷토니 츠나기마스까
  繋ぐ 연결하다

- 인터넷에 접속되어 있어요?
  → インターネットに繋がっていますか。
  인타-넷토니 츠나갓데 이마스까
  繋がる 연결되다

- 요즘 인터넷으로 못하는 게 없잖아.
  → 最近はインターネットでできないことがない。
  사이낑와 인타-넷토데 데끼나이 코또가 나이

Chapter 6. 309

○ 인터넷이 안 되는데. → インターネットができないんですが。
인타-넷토가 데끼나인데스가

○ 검색창에 'STAR'를 입력해 보세요. → 検索でSTARを探してみてください。
켄사꾸데 스타-오 사가시데 미떼 쿠다사이

検索 검색

○ 저희 웹사이트를 '즐겨찾기'에 추가해 주세요. → 私のウェブサイトを「お気に入り」に加えてください。
와따시노 웨부사이토오「오끼니 이리」니 쿠와에떼 쿠다사이

ウェブサイト 웹사이트 / お気に入り 마음에 듦 / 加える 가입시키다

○ 인터넷 뱅킹은 정말 편리하잖아. → インターネットバンキングは本当に便利だ。
인타-넷토방킹구와 혼또-니 벤리다

インターネットバンキング 인터넷 뱅킹 / 便利だ 편리하다

이메일

○ 이메일 보내 줘.
→ Eメールを送ってくれ。
이-메-루오 오꿋떼 쿠레

Eメール 이메일

○ 이메일 주소 좀 알려 줘.
→ Eメールアドレス教えて。
이-메-루 아도레스 오시에떼

○ 무료 이메일 계정이니까 신청해.
→ 無料メールだから申し込みなさい。
무료- 메-루다까라 모-시꼬미나사이

だから 그러니까

○ 제 이메일에 답장해 주세요.
→ 私のEメールに返信してください。
와따시노 이-메-루니 헨신시떼 쿠다사이

返信する 답신하다

○ 네게 보낸 이메일이 반송되었는데.
→ あなたに送ったEメールがかえってきたけど。
아나따니 오꿋따 이-메-루가 카엣떼 키따께도

○ 난 연하장을 벌써 이메일로 보냈어.
→ 私は年賀状をすでにEメールで送った。
와따시와 넹가죠-오 스데니 이-메-루데 오꿋따

年賀状 연하장

○ 네 이메일에 첨부파일이 없어. → あなたのEメールに添付ファイルがない。

아나따노 이-메-루니 템뿌 화이루가 나이

添付ファイル 첨부파일

○ 첨부파일이 열리지 않아요. → 添付ファイルが開けません。

템뿌 화이루가 히라께마셍

○ 에리코의 이메일을 알려 줄게. → 恵理子のEメールを教えてあげる。

에리꼬노 이-메-루오 오시에떼 아게루

○ 그에게 이메일을 발송할 때 나도 참조로 넣어 주세요. → 彼にEメールを送る時に私もカーボンコピーで入れてください。

카레니 이-메-루오 오꾸루 토끼니 와따시모 카-봉코피-데 이레떼 쿠다사이

カーボンコピー 카본 카피(참조)

○ 이메일로 더 자세한 정보를 받아볼 수 있을까요? → Eメールでもう少し詳しい情報をもらえますか。

이-메-루데 모- 스꼬시 쿠와시- 죠-호-오 모라에마스까

詳しい 상세하다/ 情報 정보

메신저

- 메신저로 대화하자. → **メッセンジャーで話しましょう。**
  멧센쟈-데 하나시마쇼-

  メッセンジャー 메신저

- 메신저에 접속했어? → **メッセンジャー繋いだ?**
  멧센쟈- 츠나이다?

- 그가 날 메신저에서 차단한 거 같은데. → **私は彼にメッセンジャーで拒否された。**
  와따시와 카레니 멧센쟈-데 쿄히사레따

  拒否 거부

- 넌 (메신저에서) 줄곧 자리비움이니? → **あなたはずっとメッセンジャーが退席中なの?**
  아나따와 즛또 멧센쟈-가 타이세끼쮸-나노?

  退席 퇴석

- 업무 시간에 메신저를 켤 수 없어요. → **仕事中にメッセンジャーを使えません。**
  시고또쮸-니 멧센쟈-오 츠까에마셍

소셜 네트워크

○ 나는 SNS를 통해 친구의 근황을 확인하거나 사진을 업로드 하거나 링크나 동영상을 남기면서, 아는 사람과 연락을 합니다.

➤ 私はソーシャルネットワークを通じて、友達の様子をチェックしたり、写真をアップロードしたり、リンクや動画を投稿したり、知り合いと連絡を取り合えます。

와따시와 소-샤루넷토와-쿠오 츠-지떼, 토모다찌노 요-스오 첵쿠시따리, 샤싱오 압푸로-도시따리, 링쿠야 도-가오 토-꼬-시따리, 시리아이또오 토리아에마스

ソーシャルネットワーク SNS/ 通じ 소통함/ 様子 상태, 상황/ アップロードする 업로드하다/ たり ~거나/ リンク 링크/ 動画 동영상/ 投稿する 투고하다/ 知り合う 서로 알다/ 取り合う 맞잡다

○ 요즘에도 SNS 모르는 사람이 있어?

➤ 最近でもソーシャルネットワークを知らない人がいる?

사이낀데모 소-샤루넷토와-쿠오 시라나이 히또가 이루?

○ SNS는 비즈니스에도 큰 도움이 되기 때문에 애용하고 있다.

➤ ソーシャルネットワークはビジネスにも大きな助けになるから愛用している。

소-샤루넷토와-쿠와 비지네스니모 오-끼나 타스께니 나루까라 아이요-시떼 이루

ビジネス 비즈니스 /愛用する 애용하다

블로그

- 내 블로그에 메시지를 남겨 주세요.
  → 私のブログにメッセージを残してください。
  와따시노 부로구니 멧세-지오 노꼬시떼 쿠다사이

  ブログ 블로그

- 내 블로그에 이번 여행 사진 올렸어.
  → 私のブログに今度の旅行の写真をアップした。
  와따시노 부로구니 콘도노 료꼬-노 샤싱오 압푸시따

- 그의 블로그는 썰렁한데.
  → 彼のブログはたいくつだ。
  카레노 부로구와 타이꾸쯔다

- 그녀의 블로그를 보니, 그녀가 어떤 사람인지 알 것 같아.
  → 彼女のブログを見て、彼女がどんな人かわかる気が知た。
  카노죠노 부로구오 미떼, 카노죠가 돈나 히또까 와까루 키가 시따

- 내 블로그 1일 방문자는 백 명이 넘어.
  → 私のブログの一日の訪問者は100人を越える。
  와따시노 부로구노 이찌니찌노 호-몬샤와 햐꾸닝오 코에루

  訪問者 방문자 / 越える 넘다, 경과하다

Unit 3 휴대전화

MP3. C6_U3

휴대전화

- 휴대전화 번호 좀 알려 줘.
  → ケータイ番号ちょっと教えて。
  케-타이방고- 춋또 오시에떼

  ケータイ 휴대전화

- 내 번호, 네 휴대전화에 저장해 둬.
  → 私の番号、あなたのケータイに登録しといて。
  와따시노 방고-, 아나따노 케-타이니 토-로꾸시또이떼

  登録 등록

- 제 휴대전화 번호가 바뀌었어요.
  → 私のケータイ番号が換わりました。
  와따시노 케-타이 방고-가 카와리마시따

- 이거 최신 모델이지?
  → これは最新モデルでしょう?
  코레와 사이싱 모데루데쇼-?

  モデル 모델

- 내 휴대전화는 최신형이다.
  → 私のケータイは最新型だ。
  와따시노 케-타이와 사이싱가따다

  最新型 최신형

- 휴대전화 액정이 큰데.
  → ケータイの液晶が大きい。
  케-타이노 에끼쇼-가 오-끼이

  液晶 액정

○ 부재중 전화가 　→ 着信の電話が二回あった。
　두 통 왔다. 　　　챠꾸신노 뎅와가 니까이 앗따

　　　　　　　　　　　　　　　　　　　　　着信 착신

○ 운전 중 휴대전화를 →運転中ケータイを使わないよ
　사용하지 마세요. 　うにしてください。
　　　　　　　　　　운뗀쮸- 케-타이오 츠까와나이요-니 시떼 쿠다사이

○ 네 휴대전화가 　→あなたのケータイは電波が
　꺼졌거나 　　　　届かないか使用中ですって
　사용 중이던데. 　言われたんだけど。
　　　　　　　　　　아나따노 케-타이와 뎀빠가 토도까나이까
　　　　　　　　　　시요-쮸-데슷떼 이와레딴다께도

　　　　　　　　　　　　　　　電波 전파 / 届く 이르다

휴대전화 문제

○ 배터리가 얼마 없어. →バッテリーがあんまり残っ
　　　　　　　　　　てない。
　　　　　　　　　　밧테리-가 암마리 노꼿떼나이

　　　　　　　　　→バッテリーが切れかけて
　　　　　　　　　　いる。
　　　　　　　　　　밧테리-가 키레까께떼 이루

　　　　　　　　　　　　　　バッテリー 배터리

○ 휴대전화가 잘 안 터져요.
→ ケータイがよく繋がりません。
케-타이가 요꾸 츠나가리마셍

○ 휴대전화를 변기에 빠뜨렸어.
→ ケータイを便器に落とした。
케-타이오 벵끼니 오또시따

○ 휴대전화 액정이 깨졌어.
→ ケータイの液晶が壊れた。
케-타이노 에끼쇼-가 코와레따

○ 휴대전화 충전기 가져왔어?
→ ケータイの充電器持ってきた?
케-타이노 쥬-뎅끼 못떼 키따?

充電器 충전기

○ 어젯밤에 휴대전화를 충전해 놨었는데.
→ 昨日の夜ケータイを充電しておいたんだけど。
키노-노 요루 케-타이오 쥬-덴시떼 오이딴다께도

充電する 충전하다

휴대전화 기능

- 휴대전화로 아침 6시 모닝콜을 맞춰 놨어.
  → ケータイで朝6時に目覚ましを掛けておいた。
  케-타이데 아사 로꾸지니 메자마시오 카께떼 오이따
  目覚まし 잠을 깸

- 휴대전화로 계산해 보면 되지.
  → ケータイで計算してみたらいいでしょう。
  케-타이데 케-산시떼 미따라 이-데쇼-
  計算 계산

- 그녀는 휴대전화로 사진 찍기를 즐긴다.
  → 彼女は写メールを楽しんでいる。
  카노죠와 샤메-루오 타노신데 이루

- 내 휴대전화로 인터넷에 접속할 수 있다.
  → 私のケータイはインターネットに繋げられる。
  와따시노 케-타이와 인타-넷토니 츠나게라레루

- 여자 친구와 영상 통화를 해.
  → 彼女とテレビ電話をする。
  카노죠또 테레비 뎅와오 스루
  テレビ電話 영상 통화

- 휴대전화에 비밀번호를 걸어놨어.
  → ケータイをパスワードでロックしておいた。
  케-타이오 파스와-도데 록쿠시떼 오이따
  パスワード 비밀번호 / ロックする 잠그다

Chapter 6. 319

○ 해외에 가기 전에 휴대전화 로밍 서비스를 잊지 마.

→ 海外に行く前にケータイのローミングサービスを忘れるな。

카이가이니 이꾸 마에니 케-타이노 로-밍구 사-비스오 와스레루나

ローミングサービス 로밍 서비스

○ 내 휴대전화에 최신 게임이 있다.

→ 私のケータイには最新のゲームが入れてある。

와따시노 케-타이니와 사이싱노 게-무가 이레떼 아루

○ 휴대전화로 게임하고 있었지?

→ ケータイでゲームしていたの?

케-타이데 게-무시떼 이따노?

벨 소리

○ 그 벨 소리 좋은데.   ➡ その着信音いよ。
                          ちゃくしんおん

소노 챠꾸싱옹 이-요

着信音 착신음

○ 진동모드로   ➡ マナーモードにしてください。
　 바꾸세요.

마나-모-도니 시떼 쿠다사이

マナーモード 매너모드(진동모드)

○ 인터넷에서   ➡ インターネットで着メロを
　 벨 소리를   ダウンロードした。
　 다운로드했지.

인타-넷토데 챠꾸메로오 다운로-도시따
着メロ 통화 벨 소리 / ダウンロード 다운로드

○ 회의 전에는   ➡ 会議の前にはケータイが
　 휴대전화가   マナーモードかどうか確認し
　 진동모드인지   なければなりません。
　 확인해야 합니다.

카이기노 마에니와 케-타이가 마나-모-도까 도-까
카꾸닌시나께레바 나리마셍

会議 회의

○ 영화 볼 때는   ➡ 映画を見る時は着信音が
　 벨 소리가 나지 않게   鳴らないようにしてください。
　 하세요.

에-가오 미루 토끼와 챠꾸싱옹가 나라나이요-니 시떼
쿠다사이

Chapter 6.   321

Chapter 7

어디에서든 문제없어!

음식점에서 주문할 때, 가게에서 쇼핑할 때,
이런 상황마다 필요한 말을 제대로 써야 하는데
여기저기 흩어진 표현들이 정리가 안 된다고요?
장소별로 모아 둔 표현들을
제대로 찾아서 제대로 말해 볼까요!
어느 곳에 가든 이젠 자신감 충만!

Unit 1 음식점

Unit 2 쇼핑

Unit 3 병원 & 약국

Unit 4 은행 & 우체국

Unit 5 미용실

Unit 6 세탁소

Unit 7 렌터카 & 주유소

Words

- レストラン 레스토랑
  = 食堂 しょくどう 쇼꾸도-
  = 飲食店 いんしょくてん 인쇼뗑
  명 음식점, 레스토랑

- カフェ 카훼
  = 喫茶店 きっさてん 킷사뗑
  = コーヒーショップ 코-히-숍프
  명 카페, 찻집

- 店 みせ 미세
  명 가게, 상점

- 市場 いちば 이찌바
  명 시장

- スーパー 스-파-
  = スーパーマーケット
  스-파-마-켓토
  명 슈퍼마켓

- デパート 데파-토
  = 百貨店 ひゃっかてん 학까뗑
  명 백화점

- 購入 こうにゅう 코-뉴-
  = 仕入 しいれ 시이레
  명 구매, 구입

- 販売 はんばい 함바이
  명 판매

○ 病院 びょういん 뵤-잉
  명 병원

○ 薬局 やっきょく 약꾜꾸
  = 薬屋 くすりや 쿠스리야
  명 약국

○ 銀行 ぎんこう 깅꼬-
  명 은행

○ 両替 りょうがえ 료-가에
  명 환전

○ 美容院 びよういん 비요-잉
  = ヘアサロン 헤아사롱
  명 미용실

○ クリーニング屋 や 쿠리-닝구야
  명 세탁소

○ ガソリンスタンド 가소린스탄도
  명 주유소

○ 洗車 せんしゃ 센샤
  명 세차

 **Unit 1 음식점** MP3. C7_U1

음식점 추천

- 이 근처에 맛있는 음식점 있나요?
  → この近くにおいしいお店ありますか。
  코노 치까꾸니 오이시- 오미세 아리마스까
  店 가게

- 근처의 괜찮은 식당을 좀 추천해 주시겠어요?
  → このへんでいいお店をちょっとお勧めしてくださいませんか。
  코노 헨데 이- 오미세오 촛또 오스스메시떼 쿠다사이마셍까
  へん 근처

- 이 시간에 문을 연 가게가 있습니까?
  → この時間に開いた店がありますか。
  코노 지깐니 아이따 미세가 아리마스까

- 식당이 많은 곳은 어디인가요?
  → お店がたくさんある所はどこですか。
  오미세가 탁상 아루 토꼬로와 도꼬데스까

- 특별히 가고 싶은 식당이라도 있나요?
  → 特に行きたいお店ありますか。
  토꾸니 이끼따이 오미세 아리마스까

식당 예약

- 그 레스토랑으로 예약해 주세요.
→ そのレストランで予約してください。
소노 레스토랑데 요야꾸시떼 쿠다사이
レストラン 레스토랑, 식당

- 오늘 밤, 예약하고 싶은데요.
→ 今晩、席を予約したいのです。
콤방, 세끼오 요야꾸시따이노데스

- 예약이 필요한가요?
→ 予約が必要でしょうか。
요야꾸가 히쯔요-데쇼-까

- 7시에 3인용 테이블을 예약하고 싶은데요.
→ 7時に三人用テーブルを予約したいのですが。
시찌지니 산닝요- 테-부루오 요야꾸시따이노데스가

- 예약을 변경하고 싶습니다만.
→ 予約を変更したいのですが。
요야꾸오 벵꼬-시따이노데스가

変更 변경

○ 예약을 취소해 주세요. ⇒ 予約をキャンセルしてください。
요야꾸오 캰세루시떼 쿠다사이

⇒ 予約を取り消ししてください。
요야꾸오 토리께시시떼 쿠다사이

キャンセル 캔슬, 취소 / 取り消し 취소

식당 안내

○ 몇 분이신가요? ⇒ 何名様ですか。
난메-사마데스까

⇒ お客様は何人ですか。
오꺄꾸사마와 난닌데스까

○ 다섯 명입니다. ⇒ 五人です。
고닌데스

○ 안내해 드릴 때까지 기다려 주세요. ⇒ ご案内するまでお待ちください。
고안나이스루마데 오마찌 쿠다사이

- 창가쪽 테이블로 해 주세요.
  → 窓際のテーブルにしてください。
  마도기와노 테-부루니 시떼 쿠다사이
  窓際 창가

- 흡연석과 금연석 중, 어디로 드릴까요?
  → 喫煙席と禁煙席、どちらに、いたしましょうか。
  키쯔엔세끼또 킹엔세끼, 도찌라니, 이따시마쇼-까
  喫煙席 흡연석

- 금연석으로 부탁합니다.
  → 禁煙席でお願いします。
  킹엔세끼데 오네가이시마스

- 조용한 안쪽 자리로 부탁합니다.
  → 静かな奥の席でお願いします。
  시즈까나 오꾸노 세끼데 오네가이시마스
  静かだ 조용하다 / 奥 깊숙한 곳

- 죄송합니다만, 지금 만석입니다.
  → すみませんが、ただいま満席です。
  스미마셍가, 타다이마 만세끼데스

Chapter 7. 329

- 어느 정도 기다려야 하나요?

→ どのぐらい待たなければならないんですか。

도노구라이 마따나께레바 나라나인데스까

→ どのぐらい待たなければなりませんか。

도노구라이 마따나께레바 나리마셍까

→ どれくらい待ちますか。

도레꾸라이 마찌마스까

- 20분 정도 기다려야 하는데요.

→ 20分ぐらい待たなければならないんです。

니쥼뽕구라이 마따나께레바 나라나인데스

메뉴 보기

- 메뉴 좀 볼 수 있을까요?

→ メニューを見せてくれませんか。

메뉴-오 미세떼 쿠레마셍까

→ メニューをいただけますか。

메뉴-오 이따다께마스까

メニュー 메뉴

○ 오늘의 추천 메뉴는 무엇인가요?
→ 今日のお勧めのメニューは何ですか。

쿄-노 오스스메노 메뉴-와 난데스까

○ 아직 메뉴를 못 정했는데, 조금 더 있다가 주문하겠습니다.
→ まだメニューを決めてないんだけど、もう少ししてから注文します。

마다 메뉴-오 키메떼 나인다께도 모- 스꼬시시떼까라 츄-몬시마스

決める 결정하다

○ 이곳의 추천(메뉴)은 무엇인가요?
→ ここのお勧めは何ですか。

코꼬노 오스스메와 난데스까

○ 저희는 전골 요리가 전문입니다.
→ うちはすきやきが専門です。

우찌와 스끼야끼가 셈몬데스

→ うちはすきやきを専門にやっています。

우찌와 스끼야끼오 셈몬니 얏떼 이마스

すきやき 스키야키(일본 전골 요리)/ 専門 전문

주문

○ 주문하시겠습니까? → ご注文をおうかがいいたしますか。
　　　　　　　　　고츄-몽오 오우까가이이따시마스까
　　　　　　　　　　　　　　　うかがう 묻다, 듣다의 겸사말

○ 주문하셨습니까? → ご注文なさいましたか。
　　　　　　　　　고츄-몬나사이마시따까

○ 주문을 받아도 → ご注文はよろしいでしょうか。
   될까요?　　　　고츄-몽와 요로시-데쇼-까

　　　　　　　　　　　　　　　　　よろしい 괜찮다

○ 무엇으로 → 何にいたしますか。
   하시겠습니까?　나니니 이따시마스까

→ 何になさいますか。
　나니니 나사이마스까

○ 주문하고 싶은데요. → 注文したいのですが。
　　　　　　　　　　　츄-몬시따이노데스가

○ 주문은 잠시 후에 할게요.
→ 注文はちょっと後でします。
츄-몽와 춋또 아또데 시마스

○ 주문을 바꿔도 되겠습니까?
→ 注文を変えてもいいですか。
츄-몽오 카에떼모 이-데스까

○ 나중에 다시 오실래요?
→ また後で来てもらいますか。
마따 아또데 키떼 모라이마스까

○ 먼저 음료부터 주문할게요.
→ まず飲み物から注文します。
마즈 노미모노까라 츄-몬시마스

○ 빨리 되는 것은 어떤 건가요?
→ 早くできるものは何ですか。
하야꾸 데끼루 모노와 난데스까

○ 빨리 됩니까?
→ 早くできますか。
하야꾸 데끼마스까

○ 요리 재료는 뭡니까?
→ 食材は何ですか。
쇼꾸자이와 난데스까

食材 식재료

주문 결정

○ 좋아요, 그것으로 할게요.
→ いいですね、それにします。
이-데스네, 소레니 시마스

○ 이걸로 주세요.
→ これでお願いします。
코레데 오네가이시마스

○ 저 사람이 먹고 있는 것은 무엇입니까?
→ あの人が召し上がっているものはなんですか。
아노 히또가 메시아갓떼 이루 모노와 난데스까

○ 저도 같은 것으로 하겠습니다.
→ 私も同じものにします。
와따시모 오나지 모노니 시마스

→ 私も同じものでお願いします。
와따시모 오나지 모노데 오네가이시마스

○ 주문 확인하겠습니다.
→ ご注文確認いたします。
고츄-몽 카꾸닝이따시마스

確認 확인

- 더 필요하신 것은, 없습니까?
  → 他（ほか）のものは、よろしいでしょうか。
  호까노 모노와, 요로시-데쇼-까

주문 – 메인 요리

- 스테이크는 어떻게 해 드릴까요?
  → ステーキの焼（や）き方（かた）はいかがいたしましょうか。
  스테-키노 야끼까따와 이까가이따시마쇼-까

- 중간 정도로 익혀 주세요.
  → ミディアムでお願（ねが）いします。
  미디아무데 오네가이시마스

  ミディアム 미디엄

- 완전히 익혀 주세요.
  → ウェルダンお願（ねが）いします。
  웨루당 오네가이시마스

  ウェルダン 웰던

- 달걀은 어떻게 해 드릴까요?
  → たまごはどのように調理（ちょうり）いたしましょうか。
  타마고와 도노요-니 쵸-리이따시마쇼-까

  たまご 달걀

- 스크램블에그로 해 주세요.
  → スクランブルエッグでお願（ねが）いします。
  스쿠람부루엑구데 오네가이시마스

  スクランブルエッグ 스크램블에그

Chapter 7.

○ 곁들임은 으깬 감자로 해 주세요.
→ 付け合わせはマッシュドポテトにしてください。

츠께아와세와 맛슈도포테토니 시떼 쿠다사이

付け合わせ 다른 것에 곁들이는 것 / マッシュドポテト 으깬 감자

주문 – 요청 사항

○ 밥과 빵 중 어느 것으로 하시겠어요?
→ ご飯とパンどちらになさいますか。

고항또 팡 도찌라니 나사이마스까

○ 수프나 샐러드가 나옵니다만, 어느 것으로 드릴까요?
→ スープとサラダがございますが、どちらになさいますか。

스-푸또 사라다가 고자이마스가, 도찌라니 나사이마스까

スープ 수프 / サラダ 샐러드

○ 드레싱은 어느 걸로 하시겠어요?
→ ドレッシングは何になさいますか。

도렛싱구와 나니니 나사이마스까

ドレッシング 드레싱

○ 드레싱에는 어떤 게 있나요?
→ ドレッシングには何がありますか。

도렛싱구니와 나니가 아리마스까

○ 소금을 넣지 않고 요리해 주세요.	➡ 塩(しお)を入(い)れないで料理(りょうり)してください。 시오오 이레나이데 료-리시떼 쿠다사이 塩 소금/ 料理 요리
○ 너무 맵지 않게 해 주세요.	➡ 辛(から)すぎないようにしてください。 카라스기나이요-니 시떼 쿠다사이 辛い 맵다
○ 소금 좀 갖다주시겠어요?	➡ 塩(しお)ちょっといただけますか。 시오 춋또 이따다께마스까
○ 물 좀 더 주시겠어요?	➡ お水(みず)もうちょっといただけますか。 오미즈 모- 춋또 이따다께마스까
○ 물수건 가져다주시겠어요?	➡ おしぼりを持(も)ってきてもらえますか。 오시보리오 못떼 키떼 모라에마스까 おしぼり 물수건
○ 바로 갖다드리겠습니다.	➡ すぐお持(も)ちいたします。 스구 오모찌이따시마스
○ 이것, 하나 더 주세요.	➡ これ、おかわりお願(ねが)いします。 코레, 오까와리 오네가이시마스

Chapter 7. 337

주문 - 음료 및 디저트

○ 음료는 무엇으로 하시겠습니까?
→ 飲み物は何になさいますか。
노미모노와 나니니 나사이마스까

○ 물이면 됩니다.
→ 水をください。
미즈오 쿠다사이

○ 커피만 주세요.
→ コーヒーだけお願いします。
코-히-다께 오네가이시마스

だけ ~만

○ 커피는 식사 후에 갖다주세요.
→ コーヒーは食事の後で持ってきてください。
코-히-와 쇼꾸지노 아또데 못떼 키떼 쿠다사이

○ 디저트를 주문하시겠습니까?
→ デザートを注文なさいますか。
데자-토오 츄-몬나사이마스까

○ 디저트는 무엇이 있습니까?
→ デザートは何がありますか。
데자-토와 나니가 아리마스까

○ 디저트는 아이스크림으로 할게요.
→ デザートはアイスクリームにします。
데자-토와 아이스쿠리-무니 시마스

웨이터와 대화

○ 오늘 이 테이블의 담당인 타나카입니다.
→ 今日このテーブルの担当の田中です。
쿄- 코노 테-부루노 탄또-노 타나까데스

○ 이 음식은 무엇을 사용한 것입니까?
→ この料理は何を使ったものですか。
코노 료-리와 나니오 츠깟따 모노데스까

○ 어떻게 요리한 것입니까?
→ どのように料理したものですか。
도노요-니 료-리시따 모노데스까

○ 포크를 떨어뜨렸습니다.
→ フォークを落としました。
호-쿠오 오또시마시따

○ 젓가락을 떨어뜨렸습니다.
→ 箸を落としてしまいました。
하시오 오또시떼 시마이마시따

箸 젓가락

Chapter 7.   339

○ 테이블 위에 물 좀 닦아 주세요.	➡ テーブルの上の水、ちょっと拭いてください。 테-부루노 우에노 미즈, 춋또 후이떼 쿠다사이

서비스 불만

○ 주문한 음식이 아직 안 나왔는데요.	➡ 注文したものがまだ来ないんですけど。 츄-몬시따 모노가 마다 코나인데스께도 　　　　　　　　　　　　まだ 아직
○ 이것은 제가 주문한 게 아니에요.	➡ これは私が注文したものじゃありません。 코레와 와따시가 츄-몬시따 모노쟈 아리마셍
○ 이것은 주문하지 않았는데요.	➡ これは注文していませんが。 코레와 츄-몬시떼 이마셍가 ➡ これ、頼んでないんですけど。 코레, 타논데 나인데스께도

- 고기가 충분히 익지 않았는데요.
  → お肉が十分焼けてないんですが。
  오니꾸가 쥬-붕 야께떼 나인데스가

  → お肉が十分火が通ってないんですが。
  오니꾸가 쥬-붕 히가 토-ㅅ떼 나인데스가

  肉 고기 / 十分 충분히

- 좀 더 구워 주시겠어요?
  → もうちょっと焼いてくれませんか。
  모- 춋또 야이떼 쿠레마셍까

- 이것은 상한 것 같은데요.
  → これはいたんでいるようですが。
  코레와 이딴데 이루요-데스가

- 수프에 뭔가 들어 있어요.
  → スープに何か入っています。
  스-푸니 나니까 하잇떼 이마스

- 컵이 더러운데, 새 컵 주세요.
  → コップが汚いので、新しいコップください。
  콥푸가 키따나이노데, 아따라시- 콥푸 쿠다사이

  コップ 컵 / 汚い 더럽다

- 새 것으로 바꿔 주세요.
  → 新しいのと取り替えてください。
  아따라시-노또 토리까에떼 쿠다사이

○ 좀 치워 주시겠어요? → ちょっと片付けてくれませんか。
촛또 카따즈께떼 쿠레마셍까

片付ける 치우다

○ 접시, 좀 치워 주시겠어요? → お皿、ちょっと片付けてくれませんか。
오사라, 촛또 카따즈께떼 쿠레마셍까

음식 맛 평가

○ 오늘 음식 맛은 어떠셨나요? → 今日料理の味はどうでしたか。
쿄- 료-리노 아지와 도-데시따까

○ 이렇게 맛있는 음식은 처음 먹었어요. → こんなおいしい料理は初めて食べました。
콘나 오이시- 료-리와 하지메떼 타베마시따

○ 좀 단 것 같아요. → ちょっと甘いような感じです。
촛또 아마이요-나 칸지데스

甘い 달다 / 感じ 느낌, 제맛

○ 담백한 맛이에요.　→ 淡白な味です。
탐빠꾸나 아지데스

→ さっぱりした味です。
삽빠리시따 아지데스

淡白だ 담백하다/ さっぱり (맛이) 산뜻한 모양, 담백한 모양

○ 좀 기름진 것 같아요.　→ ちょっと脂っこい感じです。
춋또 아부락꼬이 칸지데스

脂っこい 기름기가 많고 느끼하다

○ 미안하지만, 제 입맛에 맞지 않네요.　→ すみませんが、私の口には合わないです。
스미마셍가, 와따시노 쿠찌니와 아와나이데스

계산

○ 계산 부탁합니다.　→ 計算お願いします。
케-상 오네가이시마스

→ この勘定お願いします。
코노 칸죠- 오네가이시마스

勘定 계산

○ 계산해 주세요. →お勘定をお願いします。
오깐죠-오 오네가이시마스

○ 쿠폰을 갖고 계시니, 10% 할인해 드리겠습니다. →クーポンをお持ちいただいたので、10％割引させていただきます。
쿠-퐁오 오모찌이따다이따노데, 쥬파-센토 와리비끼사세떼 이따다끼마스

クーポン 쿠폰

○ 계산은 어디에서 하나요? →計算はどこでしますか。
케-상와 도꼬데 시마스까

○ 각각 따로 지불하고 싶은데요. →別々に払いたいんですが。
베쯔베쯔니 하라이따인데스가

→わりかんにしたいのですが。
와리깐니 시따이노데스가

別々に 각자/ 払う 돈을 내다/ わりかん 각자 부담

○ 오늘은 제가 살게요. →今日は私が奢ります。
쿄-와 와따시가 오고리마스

奢る 한턱내다

○ 내가 다 낼 테니까,　→　私がまとめて出しておくから、
　나중에 줘.　　　　　　　後でちょうだい。

　와따시가 마또메떼 다시떼 오꾸까라, 아또데 쵸-다이
　　　　　　　　　　　　　　　　まとめる 합치다／ 出す 내다

○ 그가 이미 돈을　→　彼がもうお金を出しました。
　냈어요.

　카레가 모- 오까네오 다시마시따

○ 오늘은 각자 내자고.　→　今日はわりかんだからね。

　쿄-와 와리깐다까라네

○ 항상 얻어먹기만　→　いつも奢ってもらってばかり
　했으니까, 오늘은　　　だから、今日は私に払わせて
　제가 내게 해 주세요.　ください。

　이쯔모 오곳떼 모랏떼바까리다까라, 쿄-와 와따시니
　하라와세떼 쿠다사이

○ 제 몫은　　　→　私の分はいくらですか。
　얼마인가요?

　와따시노 붕와 이꾸라데스까

○ 만 엔짜리인데,　→　一万円札ですけど、小銭あり
　잔돈 있으세요?　　ますか。

　이찌망엔사쯔데스께도, 코제니 아리마스까
　　　　　　　　　　　　　　　　　　札 지폐／ 小銭 잔돈

○ 네, 거스름돈입니다. →はい、おつりです。
하이, 오쯔리데스

おつり 거스름돈

○ 거스름돈이 모자라는데요. →おつりがたりないんですが。
오쯔리가 타리나인데스가

たりない 모자라다

○ 영수증이요. →レシートです。
레시-토데스

レシート 영수증

○ 영수증, 좀 주시겠어요? →レシート、ちょっとくださいませんか。
레시-토, 쵸또 쿠다사이마셍까

○ 계산이 틀린 것 같습니다. →勘定(かんじょう)が間違(まちが)っているようです。
칸죠-가 마찌갓떼 이루요-데스

→計算(けいさん)ミスになっているようです。
케-산 미스니 낫떼 이루요-데스

ミス 실패, 잘못함

346

커피숍에서

○ 커피 한 잔 할래요? → コーヒー飲みますか。
코-히- 노미마스까

○ 커피 마시면서 얘기합시다. → コーヒー飲みながら話しましょう。
코-히- 노미나가라 하나시마쇼-

○ 제가 커피 살게요. → 私がコーヒー奢ります。
와따시가 코-히- 오고리마스

○ 커피를 진하게 주세요. → コーヒーを濃くしてください。
코-히-오 코꾸시떼 쿠다사이

濃い 진하다

○ 커피에 설탕이나 크림을 넣을까요? → コーヒーに砂糖やクリームを入れましょうか。
코-히-니 사또-야 쿠리-무오 이레마쇼-까

砂糖 설탕 / クリーム 크림

○ 커피에 설탕을 몇 스푼 넣습니까? → コーヒーにお砂糖はいくつお付けしますか。
코-히-니 오사또-와 이꾸쯔 오쯔께시마스까

패스트푸드

○ 다음 분, 주문하세요.
→ 次のお客様、ご注文してください。
츠기노 오꺄꾸사마, 고쮸-몬시떼 쿠다사이

○ 햄버거 하나랑 콜라 주세요.
→ ハンバーガー一つとコーラお願いします。
함바-가- 히또쯔또 코-라 오네가이시마스
ハンバーガー 햄버거

○ 콜라 대신, 아이스커피도 가능합니까?
→ コーラのかわりに、アイスコーヒーでもできますか。
코-라노 카와리니, 아이스코-히-데모 데끼마스까
かわり 대신, 대용 / アイスコーヒー 아이스커피

○ 여기서 드실 건가요, 아니면 포장인가요?
→ こちらでお召し上がりますか、お持ち帰りですか。
코찌라데 오메시아가리마스까, 오모찌까에리데스까

→ こちらでお召し上がりですか、テークアウトですか。
코찌라데 오메시아가리데스까, 테-쿠아우토데스까
テークアウト 테이크아웃

○ 여기에서 먹겠습니다.
→ ここで食べます。
코꼬데 타베마스

○ 콜라에 얼음을 넣지 말아 주세요.
→ コーラに氷(こおり)を入(い)れないでください。
코-라니 코-리오 이레나이데 쿠다사이

氷 얼음

○ 마요네즈는 빼 주세요.
→ マヨネーズぬきでください。
마요네-즈 누끼데 쿠다사이

マヨネーズ 마요네즈 / ぬき 뺌

○ 피클을 넣지 말아 주세요.
→ ピクルスを入(い)れないでください。
피쿠루스오 이레나이데 쿠다사이

ピクルス 피클

○ 버거에 치즈가 있나요?
→ バーガーの中(なか)にチーズが入(はい)っていますか。
바-가-노 나까니 치-즈가 하잇떼 이마스까

バーガー 버거 / チーズ 치즈

○ 토핑은, 어떤 것을 드릴까요?
→ トッピングは、何(なに)にいたしますか。
톱핑구와, 나니니 이따시마스까

トッピング 토핑

○ 감자도 함께 하시겠습니까?
→ ご一緒(いっしょ)にポテトはいかがですか。
고잇쇼니 포테토와 이까가데스까

배달

○ 피자 시켜 먹자!
→ ピザ注文しよう！
피자 츄-몬시요-!

ピザ 피자

○ 파티용 요리를 배달해 줬으면 좋겠습니다만.
→ パーティー用の料理をデリバリーして欲しいんですが。
파-티-요-노 료-리오 데리바리-시떼 호시-ㄴ데스가

パーティ 파티 / デリバリー 배달

○ 전부 2,000엔입니다.
→ 全部で2000円です。
젬부데 니셍엔데스

○ 배달되는 데 얼마나 걸릴까요?
→ 配達するのにどのぐらいかかりますか。
하이따쯔스루노니 도노구라이 카까리마스까

配達する 배달하다

○ 30분 이내에 배달되도록 해 주세요.
→ 30分以内に配達してください。
산쥽뽕 이나이니 하이따쯔시떼 쿠다사이

Unit 2 쇼핑

쇼핑

○ 오늘 저녁 쇼핑하러 가지 않을래?
→ 今晩買い物に行かない?
콤방 카이모노니 이까나이?

→ 今日の夕方ショッピングしに行かない?
쿄-노 유-가따 숍핑구시니 이까나이?

ショッピング 쇼핑

○ 나는 쇼핑 중독이야.
→ 私は買い物依存症だ。
와따시와 카이모노이존쇼-다

依存症 의존증, 중독

○ 넌 명품만 밝히는구나.
→ あなたは目が高いね。
아나따와 메가 타까이네

→ あなたは目が肥えているね。
아나따와 메가 코에떼 이루네

肥える 풍부해지다, 살찌다

○ 한 시간밖에 없어서 백화점을 바쁘게 돌아다녔어요.
→ 一時間しかないから、デパートを忙しく回りました。
이찌지깐시까나이까라, 데파-토오 이소가시꾸 마와리마시따

デパート 백화점

○ 저는 친구들과 쇼핑센터에 가는 것을 좋아해요.
→ 私は友達とショッピングセンターに行くことが好きです。
와따시와 토모다찌또 숍핑구센타-니 이꾸 코또가 스끼데스
ショッピングセンター 쇼핑센터

○ 충동구매를 하지 않으려면 쇼핑리스트를 만들어야 해.
→ 衝動買いしないためにはショッピングリストを作るべきだ。
쇼-도-가이시나이타메니와 숍핑구리스토오 츠꾸루베끼다
衝動買い 충동구매 / ショッピングリスト 쇼핑리스트

○ 쇼핑센터는 어디에 있습니까?
→ ショッピングセンターはどこにありますか。
숍핑구센타-와 도꼬니 아리마스까

○ 쇼핑센터에서 쇼핑하면 시간을 절약할 수 있어.
→ ショッピングセンターでショッピングすれば時間を節約することができる。
숍핑구센타-데 숍핑구스레바 지깡오 세쯔야꾸스루 코또가 데끼루

節約 절약

○ 그냥 쇼핑센터에서 시간을 보냈어요.
→ ショッピングセンターでぶらぶらと時間を過ごしました。
숍핑구센타-데 부라부라또 지깡오 스고시마시따
ぶらぶら 어슬렁어슬렁

옷 가게

○ 뭔가 찾으십니까? → 何かお探しですか。
나니까 오사가시데스까

○ 그냥 보고 있어요. → 見ているだけです。
미떼 이루다께데스

○ 좀 더 보고 나서 정할게요. → もうちょっと見てから決めます。
모- 춋또 미떼까라 키메마스

○ 요즘에는 어떤 것이 잘 팔립니까? → 最近はどんなものがよく売れていますか。
사이낑와 돈나 모노가 요꾸 우레떼 이마스까

売れる 팔리다

○ 지금 유행하는 스타일은 어떤 건가요? → 今の流行はどんなスタイルですか。
이마노 류-꼬-와 돈나 스타이루데스까

流行 유행 / スタイル 스타일

○ 다음에 올게요. → また来ます。
마따 키마스

Chapter 7. 353

○ 저것을 보여 주세요. → あれを見せてください。
아레오 미세떼 쿠다사이

○ 몇 가지 보여 주세요. → いくつか見せてください。
이꾸쯔까 미세떼 쿠다사이

○ 이것과 같은 것은 있습니까? → これと同じものはありますか。
코레또 오나지모노와 아리마스까

○ 다른 것을 보여 주시겠습니까? → 他のものを見せていただけますか。
호까노 모노오 미세떼 이따다께마스까

○ 좀 입어 봐도 될까요? → ちょっと着てみてもいいでしょうか。
촛또 키떼 미떼모 이-데쇼-까

○ 한번 입어 보세요. → 一度試着してみてください。
이찌도 시쨔꾸시떼 미떼 쿠다사이

試着 (옷이 맞는지) 입어 봄

○ 탈의실은 어디인가요? → 更衣室[試着室]はどこですか。
코-이시쯔[시쨔꾸시쯔]와 도꼬데스까

更衣室(= 試着室) 탈의실

옷 - 사이즈

○ 사이즈를 재 주시겠어요?
→ サイズを測っていただけますか。
사이즈오 하깟데 이따다께마스까
測る 재다

○ 어떤 사이즈입니까?
→ どのサイズでしょうか。
도노 사이즈데쇼-까

○ M 사이즈는 저한테 안 맞아요. L 사이즈가 맞을 것 같아요.
→ Mサイズは私に合わないです。Lサイズが合うと思います。
에무사이즈와 와따시니 아와나이데스.
에루사이즈가 아우또 오모이마스

○ 더 큰 사이즈로 있나요?
→ もっと大きいサイズはありますか。
못또 오-끼- 사이즈와 아리마스까

○ 허리는 딱 맞는데, 엉덩이는 좀 끼어요.
→ ウェストはぴったりなんだけど、ヒップが少しきついです。
웨스토와 핏따리난다께도, 힙푸가 스꼬시 키쯔이데스
ウェスト 웨이스트, 허리/ ヒップ 히프, 엉덩이 둘레

옷 – 컬러 & 디자인

○ 무슨 색이 있습니까?
→ 何色がありますか。
나니이로가 아리마스까

→ どんな色がありますか。
돈나 이로가 아리마스까

色 색

○ 빨간 것은 있습니까?
→ 赤はありますか。
아까와 아리마스까

○ 이 셔츠, 다른 색상은 있나요?
→ このシャツ、他の色はありますか。
코노 샤츠, 호까노 이로와 아리마스까

シャツ 셔츠

○ 이 셔츠는 노출이 너무 심한데요.
→ このシャツは露出すぎるんですが。
코노 샤츠와 로슈쯔스기룬데스가

○ 디자인이 비슷한 것은 있습니까?
→ デザインがにているものはありますか。
데자잉가 니떼 이루 모노와 아리마스까

にている 비슷하다

- 더 질이 좋은 것은 없습니까?
→ もっと質のいいのはありませんか。

못또 시쯔노 이-노와 아리마셍까

もっと 더, 더욱/ 質 품질

옷 - 기타

- 비싼 것이 좋은 것이라고는 말 못하죠.
→ 高いものがいいものとは限らないよね。

타까이모노가 이-모노또와 카기라나이요네

限る 제한하다

- 가격이 적당하네요. 그걸로 할게요.
→ 値段もいいですね。それにします。

네담모 이-데스네. 소레니 시마스

値段 값

- 잘 어울려. 너한테 딱인데.
→ よく似合ってる。お前にぴったりだよ。

요꾸 니앗떼루. 오마에니 핏따리다요

- 이게 바로 내가 찾던 거야.
→ これがちょうど私が探していたものだ。

코레가 쵸-도 와따시가 사가시떼 이따모노다

→ これがちょうど私がほしかったものだ。

코레가 쵸-도 와따시가 호시깟따모노다

○ 그걸 사는 게 좋겠어. ➔ それを買う方がいい。

소레오 카우 호-가 이-

대형 마트 – 슈퍼마켓

○ 에스컬레이터로 지하에 내려가시면, 식품 매장이 있습니다.
➔ エスカレーターで地下に降りられますと、食品売り場がございます。

에스카레-타-데 치까니 오리라레마스또, 쇼꾸힝우리바가 고자이마스

エスカレーター 에스컬레이터/ 地下 지하/ 食品 식품/ 売り場 매장

○ 쇼핑 카트를 가져 오는 것이 좋겠네요.
➔ ショッピングカートを持ってくる方がいいですね。

숍핑구 카-토오 못떼 쿠루 호-가 이-데스네

ショッピングカート 쇼핑 카트

○ 낱개 판매도 하나요?
➔ ばら売りもしてますか。

바라우리모 시떼마스까

ばら売り 낱개

○ 죄송합니다만, 지금은 재고가 없군요.
➔ 申し訳ございませんが、今は在庫がありませんよ。

모-시와께고자이마셍가, 이마와 자이코가 아리마셍요

在庫 재고

○ 죄송하지만, 그 물건은 팔지 않습니다.
→ すみませんが、その品物は売りません。
스미마셍가, 소노 시나모노와 우리마셍

品物 물품

○ 죄송하지만, 벌써 문 닫을 시간입니다.
→ すみませんが、もう店を閉めます。
스미마셍가, 모- 미세오 시메마스

閉める 닫다

○ 영업 시간이 몇 시까지입니까?
→ 営業時間は何時までですか。
에-교-지깡와 난지마데데스까

営業時間 영업 시간

○ 계산대는 어디에 있어요?
→ カウンターはどこにありますか。
카운타-와 도꼬니 아리마스까

○ 봉투에 넣어 드릴까요?
→ 封筒に入れて上げましょうか。
후-또-니 이레떼 아게마쇼-까

封筒 봉투

○ 서명해 주세요.
→ 署名してください。
쇼메-시떼 쿠다사이

→ サインしてください。
사인시떼 쿠다사이

署名 서명 / サイン 서명, 사인

할인 행사 - 일정

○ 지금 세일 중입니까? → 今セール中ですか。
이마 세-루쮸-데스까

→ 今割引してますか。
이마 와리비끼시떼마스까

セール 세일

○ 세일은 언제인가요? → セールはいつですか。
세-루와 이쯔데스까

○ 세일은 언제 끝나요? → セールはいつ終わりますか。
세-루와 이쯔 오와리마스까

○ 세일 기간은 얼마나 되나요? → セール期間はどのぐらいですか。
세-루 키깡와 도노구라이데스까

○ 세일은 어제 끝났습니다. → セールは昨日終わりました。
세-루와 키노- 오와리마시따

○ 이 물건은 언제 다시 한번 세일하나요?
→ この物(もの)はいつもう一度(いちど)セールしますか。
코노 모노와 이쯔 모- 이찌도 세-루시마스까

특정 할인 기간

○ 여름 바겐세일 중입니다.
→ 夏(なつ)のバゲンセール中(ちゅう)です。
나쯔노 바겐세-루쮸-데스

バゲンセール 바겐세일

○ 겨울 세일은 일주일 동안 계속됩니다.
→ 冬(ふゆ)のセールは一週間(いっしゅうかん)続(つづ)いてます。
후유노 세-루와 잇슈-깡 츠즈이떼마스

○ 봄 세일은 이번 주 금요일부터 시작됩니다.
→ 春(はる)のセールは今週(こんしゅう)の金曜日(きんようび)から始(はじ)まります。
하루노 세-루와 콘슈-노 킹요-비까라 하지마리마스

○ 연말 세일은 12월 20일부터 31일까지입니다.
→ 年末(ねんまつ)のセールは12月(がつ)20日(はつか)から31日(にち)までです。
넴마쯔노 세-루와 쥬-니가쯔 하쯔까까라 산쥬-이찌니찌마데데스

年末 연말

○ 지금은 특별 세일 기간 중입니다.
→ 今(いま)は特別(とくべつ)セール期間(きかん)中(ちゅう)です。
이마와 토꾸베쯔 세-루 키깐쮸-데스

Chapter 7. 361

- 점포정리 세일 중입니다. → 店舗整理のセール中です。
  템포 세-리노 세-루쮸-데스

  店舗整理 점포정리

할인 내역

- 전 제품을 20% 할인하고 있습니다. → 全品を20パーセント割引しています。
  젬핑오 니쥬파-센토 와리비끼시떼 이마스

  全品 모든 물품

- 오늘 25% 할인 행사가 있어요. → 今日25パーセント割引のイベントがあります。
  쿄- 니쥬-고파-센토 와리비끼노 이벤토가 아리마스

  パーセント 퍼센트 / イベント 이벤트

- 정가는 5,000엔이지만, 세일해서 3,500엔이에요. → 定価は5000円ですが、セールして3500円です。
  테-까와 고셍엔데스가, 세-루시떼 산젱고햐꾸엔데스

  定価 정가

- 쿠폰을 사용하면, 300엔 할인됩니다. → クーポンをお使いになれば、300円割引になります。
  쿠-퐁오 오쯔까이니나레바, 삼뱌꾸엥 와리비끼니 나리마스

- 이 모자는 세일해서 겨우 2,700엔이었소. → この帽子はセールしてやっと2700円だった。
  코노 보-시와 세-루시떼 얏또 니셴나나햐꾸엔닷따

  帽子 모자

할인 행사 기타

- 그것은 할인 제품이 아닙니다.
  → それは割引の製品じゃありません。
  소레와 와리비끼노 세-힌쟈아리마셍
  製品 제품

- 어떤 품목들을 세일하고 있나요?
  → どんなアイテムをセールしてますか。
  돈나 아이테무오 세-루시떼마스까
  アイテム 아이템

- 이 컴퓨터는 세일합니까?
  → このコンピューターはセールしてますか。
  코노 콤퓨-타-와 세-루시떼마스까

- 그 가게는 세일 기간에만 가.
  → その店はセール期間だけ行く。
  소노 미세와 세-루 키깐다께 이꾸

- 난 세일 때까지 기다릴래.
  → 私はセールまで待つよ。
  와따시와 세-루마데 마쯔요

- 세일 기간 중에는 좋은 물건을 찾기 힘들어.
  → セール期間中にはいい物を探しにくいです。
  세-루 키깡쮸-니와 이- 모노오 사가시니꾸이데스

Chapter 7. 363

할부 구매

○ 할부로 구입이 가능한가요?
→ 分割払いで購入ができますか。
붕까쯔바라이데 코-뉴-가 데끼마스까

分割払う 할부 / 購入 구입

○ 일시불입니까, 할부입니까?
→ 一回ですか、分割払いですか。
익까이데스까, 붕까쯔바라이데스까

○ 일시불로 할게요.
→ 一回でお願いします。
익까이데 오네가이시마스

○ 할부로 하면, 이자를 내야 합니까?
→ 分割払いすれば、利子がつきますか。
붕까쯔바라이스레바, 리시가 츠끼마스까

利子 이자

○ 몇 개월 할부로 하시겠어요?
→ 何ヶ月の分割払いでしましょうか。
낭까게쯔노 붕까쯔바라이데 시마쇼-까

○ 3개월 할부로 해 주세요.
→ 三ヶ月の分割払いでしてください。
상까게쯔노 붕까쯔바라이데 시떼 쿠다사이

배송

- 배송료는 얼마입니까?

  ➜ 送料はいくらですか。

  소-료-와 이꾸라데스까

  送料 배송료

- 이 상품의 가격에는 배송료가 포함되어 있지 않습니다.

  ➜ この商品の値段には配送料が含まれていないです。

  코노 쇼-힌노 네단니와 하이소-료-가 후꾸마레떼 이나이데스

  商品 상품 / 配送料 배송료

- 배송료는 따로 청구하나요?

  ➜ 配送料は別に請求されますか。

  하이소-료-와 베쯔니 세-뀨-사레마스까

  請求 청구

- 언제 배송되나요?

  ➜ いつ配送してもらえるのですか。

  이쯔 하이소-시떼 모라에루노데스까

  配送する 배송하다

- 구입 다음 날까지 배송됩니다.

  ➜ 購入の次の日までに配送します。

  코-뉴-노 츠기노 히마데니 하이소-시마스

- 이 주소로 보내 주세요.

  ➜ この住所に送ってください。

  코노 쥬-쇼니 오꿋떼 쿠다사이

교환 & 환불

○ 이것을 환불해 주시겠어요?
→ これ払い戻してくださいますか。
코레 하라이모도시떼 쿠다사이마스까

払い戻し 환불

○ 환불 규정이 어떻게 되나요?
→ 払い戻し規定はどうなっていますか。
하라이모도시 키떼-와 도- 낫떼 이마스까

規定 규정

○ 세일 품목이라서, 환불은 안 됩니다.
→ セール品なので、払い戻しはできません。
세-루힌나노데, 하라이모도시와 데끼마셍

○ 세일 때 산 물건은 교환이나 환불이 안 됩니다.
→ セールの時買った物は交換とか払い戻しができません。
세-루노 토끼 캇따 모노와 코-깐또까 하라이모도시가 데끼마셍

交換 교환

○ 환불이 아니라, 새 것으로 바꿔 주시겠어요?
→ 払い戻しじゃなくて、新しいものと取り替えてもらえますか。
하라이모도시쟈나꾸떼, 아따라시- 모노또 토리까에떼 모라에마스까

取り替える 교환하다

반품

- 반품 가능 기간은 언제까지인가요?
  → 返品可能期間はいつまでですか。
  헴핑 카노- 키깡와 이쯔마데데스까

  返品 반품

- 구입일로부터 2주 이내입니다.
  → 購入の日から二週間以内です。
  코-뉴-노 히까라 니슈-깡 이나이데스

  以内 ~이내

- 영수증이 없으면 반품할 수 없습니다.
  → レシートがなければ返品することができません。
  레시-토가 나께레바 헴핀스루 코또가 데끼마셍

- 환불 및 반품 불가.
  → 払い戻し及び返品不可。
  하라이모도시 오요비 헴핑 후까

  及び 및, 또

- 불량품은 언제든지 바꿔 드립니다.
  → 不良品は、いつでもお取り替えいたします。
  후료-힝와, 이쯔데모 오또리까에이따시마스

  不良品 불량품

Chapter 7. 367

Unit 3 병원 & 약국　　　　　　MP3. C7_U3

병원 예약

○ 진찰 예약을 하고 싶습니다.
→ 診察予約をしようと思います。
신사쯔 요야꾸오 시요-또 오모이마스

診察 진찰

○ 1시에 스즈키 선생님께 진료 예약을 했는데요.
→ 1時に鈴木先生の診療予約をしたのですが。
이찌지니 스즈끼 센세-노 신료- 요야꾸오 시따노데스가

○ 진찰 시간을 예약하려고 전화했습니다.
→ 診察時間の予約をしようと思って電話したんです。
신사쯔 지깐노 요야꾸오 시요-또 오못떼 뎅와시딴데스

○ 이번 주 오전 중으로 예약 가능한 날은 언제인가요?
→ 今週の午前中に予約できる日はいつですか。
콘슈-노 고젠쮸-니 요야꾸데끼루 히와 이쯔데스까

○ 예약을 하지 않았습니다만, 지금 진찰 받을 수 있을까요?
→ 予約はしてないんですが、今診察してもらいたいんですが。
요야꾸와 시떼나인데스가, 이마 신사쯔시데 모라이따인데스가

병원 수속

○ 접수 창구는 어디입니까?
→ 受付窓口はどこですか。
우께쯔께 마도구찌와 도꼬데스까

受付 접수, 접수처

○ 이 병원은 처음이신가요?
→ この病院は初めてでしょうか。
코노 뵤-잉와 하지메떼데쇼-까

○ 초진이세요?
→ 初診ですか。
쇼신데스까

初診 초진

○ 오늘이 처음입니다.
→ 今日が初めてです。
쿄-가 하지메떼데스

○ 건강 검진을 받고 싶습니다만.
→ 健康診断を受けたいのですが。
켕꼬-신당오 우께따이노데스가

健康診断 건강 검진 / 受ける 받다

○ 진료 시간이 어떻게 됩니까?
→ 診療時間はどうなりますか。
신료- 지깡와 도-나리마스까

診療 진료

- 무슨 과 진료를 원하세요?
  → 何科の受診をご希望ですか。
  나니까노 쥬싱오 고끼보-데스까

  科 과/ 受診 진찰을 받음

진찰실

- 어디가 안 좋으신가요?
  → どこが悪いですか。
  도꼬가 와루이데스까

- 증세가 어떻습니까?
  → 症状はどうですか。
  쇼-죠-와 도-데스까

  症状 증상

- 체온을 재겠습니다.
  → 体温を測ります。
  타이옹오 하까리마스

  体温 체온

- 청진기를 댈 테니, 웃옷을 벗으세요.
  → 聴診器を当てますので、上着を脱いでください。
  쵸-싱끼오 아떼마스노데, 우와기오 누이데 쿠다사이

  聴診器 청진기/ 上着 겉옷/ 脱ぐ 벗다

- 숨을 깊이 들이쉬세요.
  → 息を深く吸い込んでください。
  이끼오 후까꾸 스이꼰데 쿠다사이

- 크게 입을 벌리고, '아' 해 보세요. → 大きく口を開けて、「あー」と言ってください。
  오-끼꾸 쿠찌오 아께떼, '아-'또 잇떼 쿠다사이

- 여기를 누르면 아픕니까? → ここを押すと痛いですか。
  코꼬오 오스또 이따이데스까

  痛い 아프다

- 전에도 이런 증상이 있었던 적 있어요? → 前にもこういう症状になったことはありますか。
  마에니모 코-이우 쇼-죠-니 낫따 코또와 아리마스까

- 전에 병을 앓으신 적 있나요? → 前に病気になったことがありましたか。
  마에니 뵤-끼니 낫따 코또가 아리마시따까

- 빈혈이 있어요. → 貧血があります。
  힝께쯔가 아리마스

  貧血 빈혈

- 식욕이 없습니다. → 食欲がありません。
  쇼꾸요꾸가 아리마셍

- 왕진도 가능한가요? → 往診も可能でしょうか。
  오-심모 카노-데쇼-까

  往診 왕진

Chapter 7. 371

외과

○ 다리가 부었어요.　→ 足が腫れました。
　　　　　　　　　　아시가 하레마시따

　　　　　　　　　　　　　　　　　　　腫れる 붓다

○ 교통사고로 다리가　→ 交通事故で足が折れました。
　부러졌어요.　　　　코-쯔-지꼬데 아시가 오레마시따

　　　　　　　　　　　　　　　　折れる 접히다, 꺾어지다

○ 넘어져서 무릎이　→ 転んで膝を擦り剥けました。
　쓸렸어요.　　　　　코론데 히자오 코스리무께마시따

　　　　　　　　　　　　　　　　　　擦り剥ける 까지다

○ 허리가 아파요.　　→ 腰が痛いです。
　　　　　　　　　　코시가 이따이데스

　　　　　　　　　　　　　　　　　　　　　腰 허리

○ 허리를 삐끗했어요.　→ ぎっくり腰です。
　　　　　　　　　　　　긱꾸리고시데스

　　　　　　　　　　ぎっくり腰 갑작스러운 허리 통증

○ 등이 아파요.　　　→ 背中が痛いです。
　　　　　　　　　　세나까가 이따이데스

　　　　　　　　　　　　　　　　　　　　背中 등

○ 발목을 삐었어요. → 足首を挫きました。
아시꾸비오 쿠지끼마시따

挫く 삐다

○ 어깨가 결려요. → 肩が凝ります。
카따가 코리마스

肩 어깨／凝る 뻐근하다, 결리다

○ 깁스는 언제 풀 수 있어요? → ギブスはいつ取れますか。
기부스와 이쯔 토레마스까

ギブス 석고 붕대

○ 칼에 손가락을 깊이 베었어요. → 刀で指を深く切ってしまったんです。
카따나데 유비오 후까꾸 킷떼 시맛딴데스

刀 칼／指 손가락／切る 베다

○ 발가락이 동상에 걸렸어요. → 足の指が凍傷にかかりました。
아시노 유비가 토-쇼-니 카까리마시따

足の指 발가락／凍傷 동상

○ 온몸에 멍이 들었어요. → 全身にあざができました。
젠신니 아자가 데끼마시따

全身 전신／あざ 멍

Chapter 7.   373

내과 - 감기

○ 감기에 걸린 것 같아요.
→ 風邪(かぜ)を引(ひ)いたようです。
카제오 히-따요-데스

→ 風邪(かぜ)を引(ひ)いたみたいなんです。
카제오 히-따미따이난데스

風を引く 감기에 걸리다

○ 코가 막혔어요.
→ 鼻(はな)が詰(つ)まりました。
하나가 츠마리마시따

鼻 코

○ 콧물이 나요.
→ 鼻水(はなみず)が出(で)ます。
하나미즈가 데마스

鼻水 콧물

○ 침을 삼킬 때, 목이 아파요.
→ 唾(つば)を飲(の)む時(とき)、喉(のど)が痛(いた)いです。
츠바오 노무 토끼, 노도가 이따이데스

唾 침

○ 기침이 멈추지 않아요.
→ 咳(せき)が止(と)まらないんです。
세끼가 토마라나인데스

咳 기침

○ 독감이 유행하고 있어요.　→ インフルエンザが流行(はや)っています。
인후루엔자가 하얏떼 이마스

내과 - 열

○ 열이 있어요.　→ 熱(ねつ)があります。
네쯔가 아리마스

熱 열

○ 열이 38도예요.　→ 熱(ねつ)が38度(ど)です。
네쯔가 산쥬-하찌도데스

○ 머리가 지끈지끈 아파요.　→ 頭(あたま)がずきずきと痛(いた)いです。
아따마가 즈끼즈끼또 이따이데스

ずきずき 욱신욱신, 지끈지끈

○ 현기증이 나요.　→ めまいがします。
메마이가 시마스

めまい 현기증

○ 현기증이 나서, 눈 앞이 어질어질해요.　→ めまいがして、目(め)の前(まえ)がくらくらするんです。
메마이가 시떼, 메노 마에가 쿠라꾸라스룬데스

くらくらする 어질어질하다

Chapter 7.　375

○ 갑자기 현기증이 나서, → 急にめまいがして、起きられ
일어날 수 없는 상태가 なくなることがここ何日続くん
요 며칠 계속 돼요. です。

큐-니 메마이가 시떼, 오끼라레나꾸 나루 코또가
코꼬난니찌 츠즈꾼데스

急に 급하게/ 何日 며칠

○ 열이 안 내려가서, → 熱が下がらなくて、何も食べ
아무것도 못 먹었어요. られないんです。

네쯔가 사가라나꾸떼, 나니모 타베라레나인데스

○ 열이 내려가지 → 熱が下がらないんです。
않아요.

네쯔가 사가라나인데스

○ 머리가 깨질 듯이 → 頭が割れそうに痛みます。
아파요.

아따마가 와레소-니 이따미마스

割れる 깨지다, 부서지다

○ 두통과 발열이 있고, → 頭痛と発熱があって、喉も
목도 아파요. 痛いんです。

즈쯔-또 하쯔네쯔가 앗떼, 노도모 이따인데스

発熱 발열

○ 코피가 나요. → 鼻血が出ます。

하나지가 데마스

鼻血 코피

○ 목이 쉬었어요.　➡ 喉(のど)がかれました。
　　　　　　　　　　노도가 카레마시따

　　　　　　　　　➡ 喉(のど)がしゃがれました。
　　　　　　　　　　노도가 샤가레마시따

かれる (목이) 쉬다, 잠기다/
しゃがれる (목이) 쉬다, 잠기다

내과 – 소화기

○ 배가 아파요.　➡ 腹(はら)が痛(いた)みます。
　　　　　　　　하라가 이따미마스

腹 배

○ 배가 콕콕 쑤시듯　➡ お中(なか)がちくちく刺(さ)すように
　아파요.　　　　　痛(いた)いです。
　　　　　　　　　오나까가 치꾸찌꾸 사스요-니 이따이데스

ちくちく 따끔따끔/ 刺す 찌르다

○ 아랫배에 통증이　➡ 下腹(したはら)に痛(いた)みがあります。
　있어요.　　　　　시따하라니 이따미가 아리마스

下腹 아랫배

○ 배탈이 났어요.　➡ 腹(はら)をこわしました。
　　　　　　　　　하라오 코와시마시따

こわす 파괴하다, 고장 내다

○ 구역질이 나요.	➔ 吐き気を催します。 하끼께오 모요오시마스
	➔ 吐き気がします。 하끼께가 시마스

吐き気 구역질

○ 먹으면, 바로 토해 버려요.	➔ 食べると、すぐ吐いてしまう。 타베루또, 스구 하이떼 시마우

吐く 토하다

○ 속이 거북해요.	➔ 腹の具合がちょっと悪いです。 하라노 구아이가 춋또 와루이데스

具合 형편, 상태

○ 신트림이 나요.	➔ すっぱい液のでるげっぷが でる。 습빠이 에끼노 데루 겝뿌가 데루

すっぱい 시다 / 液 액, 즙

○ 설사를 합니다.	➔ 下痢をします。 게리오 시마스

下痢 설사

○ 위가 쑤시듯이 아파요.	➔ 胃がキリキリ痛むんです。 이가 키리키리 이따문데스

キリキリ 쿡쿡, 쑥쑥

- 소화불량인지, 구역질이 멈추지 않아요. → 消化不良なのか、吐き気が止まらないんです。

쇼-까후료-나노까, 하끼께가 토마라나인데스

消化不良 소화불량

- 배가 불룩해져서, 가스가 차요. → お腹がふくれて、ガスがたまってるんです。

오하라가 후꾸레떼, 가스가 타맛떼룬데스

ガス 가스

- 변비가 좀처럼 낫지 않아요. → 便秘がなかなか治りません。

벰삐가 나까나까 나오리마셍

便秘 변비 / 治す 고치다, 치료하다

치과 상담

- 이가 몹시 아파요. → 歯がとても痛いです。

하가 토떼모 이따이데스

- 이가 쿡쿡 쑤셔요. → 歯がズキズキ痛みます。

하가 즈끼즈끼 이따미마스

- 먹을 때마다 이가 아파서 아무것도 먹을 수 없습니다. → 食べると歯が痛いので何も食べられません。

타베루또 하가 이따이노데 나니모 타베라레마셍

○ 이가 아파서 음식을 잘 씹을 수 없습니다.	➔ 歯が痛いので食べ物をうまく噛むことができません。

하가 이따이노데 타베모노오 우마꾸 카무 코또가 데끼마셍

○ 이를 때운 것이 빠져 버렸습니다.	➔ 歯の詰め物がとれてしまいました。

하노 츠메모노가 토레떼 시마이마시따

○ 찬 음식을 먹으면, 이가 시려요.	➔ 冷たい食べ物を食べると、歯が凍みます。

츠메따이 타베모노오 타베루또, 하가 시미마스

凍みる 얼어붙다

○ 양치할 때, 잇몸에서 피가 나요.	➔ 歯を磨く時、歯茎から血が出ます。

하오 미가꾸 토끼, 하구끼까라 치가 데마스

歯茎 잇몸

○ 잇몸이 부어, 잠을 잘 수 없어요.	➔ 歯茎が腫れすぎて、眠れません。

하구끼가 하레스기떼, 네무레마셍

○ 잇몸 염증이 생긴 것 같아, 구취가 걱정돼요.	➔ 歯肉炎になったらしくって、口臭が気になるんです。

시니꾸엔니 낫따라시꿋떼, 코-슈-가 키니 나룬데스
歯肉炎 치은염/ 口臭 구취/ 気になる 신경이 쓰이다

○ 축구를 하다가 이가 부러졌어요.	➔ サッカーしてたら歯が折れました。

삭카-시떼따라 하가 오레마시따

치과 - 발치 & 사랑니

○ 이 하나가 흔들립니다.
→ 歯の一つがぐらつきます。
하노 히또쯔가 구라쯔끼마스

ぐらつく 흔들리다

○ 이를 빼야 할 것 같아요.
→ 歯を抜かないといけないかと思いますが。
하오 누까나이또 이께나이까또 오모이마스가

○ 사랑니가 났어요.
→ 親知らずが生えます。
오야시라즈가 하에마스

親知らず 사랑니 / 生える 나다, 생겨나다

○ 사랑니가 욱신거린다.
→ 親知らずが痛む。
오야시라즈가 이따무

○ 사랑니를 뽑는 게 좋겠어요.
→ 親知らずを抜く方がいいです。
오야시라즈오 누꾸 호-가 이-데스

○ 사랑니는 아직 뽑지 않는 게 좋겠어요.
→ 親知らずはまだ抜かない方がいいです。
오야시라즈와 마다 누까나이 호-가 이-데스

치과 – 충치

○ 충치가 있는 것 같습니다.
→ 虫歯があると思います。
무시바가 아루또 오모이마스

虫歯 충치

○ 아래 어금니에 충치가 생겼어요.
→ 下の奥歯が虫歯になりました。
시따노 오꾸바가 무시바니 나리마시따

奥歯 어금니

○ 충치가 쉽게 뽑혔어요.
→ 虫歯がたやすく抜けました。
무시바가 타야스꾸 누께마시따

○ 충치가 밤새 들이쑤셨어요.
→ 虫歯が夜通しうずきました。
무시바가 요도-시 우즈끼마시따

○ 충치에 아말감을 충전합니다.
→ 虫歯にアマルガムを充填します。
무시바니 아마루가무오 쥬-뗀시마스

アマルガム 아말감 /
充填 충전, 빈 곳을 메워서 채우는 것

○ 충치가 근뎅근뎅 흔들린다.
→ 虫歯がぐらぐらします。
무시바가 구라구라시마스

ぐらぐら 흔들흔들

치과 - 기타

○ 스케일링해 주세요.
→ 歯石取ってください。
시세끼 톳떼 쿠다사이

→ スケーリングしてください。
스케-링구시떼 쿠다사이

歯石 치석 / スケーリング 스케일링

○ 치실을 사용하시는 게 좋겠어요.
→ フロスを使う方がいいでしょ。
후로스오 츠까우 호-가 이-데쇼

フロス 치실

○ 치아 미백은 금방 되나요?
→ 歯のホワイトニングって、すぐできますか。
하노 호와이토닝굿떼, 스구 데끼마스까

ホワイトニング 화이트닝

○ 교정하고 싶은데, 눈에 안 띄는 것은 없나요?
→ 矯正したいんですけど、目立たないものはないですか。
쿄-세-시따인데스께도, 메다따나이 모노와 나이데스까

矯正する 교정하다 / 目立つ 눈에 띄다

○ 치석을 제거해 주세요.
→ 歯のやにを取ってください。
하노 야니오 톳떼 쿠다사이

○ 치주염이네요.
→ 歯周病ですね。
시슈-뵤-데스네

歯周病 치주염

Chapter 7. 383

피부과 & 안과

- 온몸에 온통 두드러기가 났어요.
  → 全身一面にぶつぶつができました。
  젠싱 이찌멘니 부쯔부쯔가 데끼마시따

  ぶつぶつ 표면에 많이 나온 알갱이 모양의 것

- 물집이 생겼어요.
  → まめができました。
  마메가 데끼마시따

  → 水ぶくれができました。
  미즈부꾸레가 데끼마시따

  まめ(= 水ぶくれ) 물집

- 발진이 심해요.
  → 発疹がすごいです。
  핫싱가 스고이데스

  発疹 발진

- 무좀이 심합니다.
  → 水虫がひどいです。
  미즈무시가 히도이데스

  水虫 무좀

- 눈에 뭔가 들어갔어요.
  → 目に何か入りました。
  메니 나니까 하이리마시따

- 눈이 충혈되어 있어요.
  → 目が充血してます。
  메가 쥬-께쯔시떼마스

  充血 충혈

| 시력 검사를 해 봅시다. | → 視力検査をしてみましょう。
しりょく　けんさ
시료꾸껜사오 시떼 미마쇼- |

視力検査 시력 검사

入院

| 입원 수속을 하려고 하는데요. | → 入院手続きをしたいんですけど。
にゅういん　てつづ
뉴-잉 테쯔즈끼오 시따인데스께도 |

入院 입원 / 手続き 수속, 절차

| 입원해야 합니까? | → 入院しなければなりませんか。
にゅういん
뉴-인시나께레바 나리마셍까 |

| 즉시 입원 수속을 해야 합니다. | → すぐ入院手続きをしなければなりません。
にゅういん　てつづ
스구 뉴-잉 테쯔즈끼오 시나께레바 나리마셍 |

| 얼마나 입원해야 합니까? | → どのくらい入院しなければなりませんか。
にゅういん
도노꾸라이 뉴-인시나께레바 나리마셍까 |

| 입원에도 건강보험이 적용됩니까? | → 入院でも医療保険がききますか。
にゅういん　いりょう　ほけん
뉴-인데모 이료-호껭가 키끼마스까 |

医療保険 건강보험

입원 & 퇴원

○ 아직 안정을 취하는 게 좋아.
→ まだ安静にしてた方がいいわよ。
마다 안세-니 시떼따 호-가 이-와요
安静 안정

○ 입원해 있는 환자에게는 화분은 금물이에요.
뿌리가 붙는다고 해서 '잠이 붙는다'라는 의미가 있어요.
→ 入院してる患者に鉢植えは禁物だよ。
「寝が付く」で寝付くと言う意味があるからね。
뉴-인시떼루 칸쟈니 하찌우에와 킴모쯔다요.
'네가 츠꾸'데 네쯔꾸또 이우 이미가 아루까라네
患者 환자 / 鉢植え 화분에 심음

○ 빨리 퇴원하고 싶어.
→ 早く退院したいな。
하야꾸 타이인시따이나
退院 퇴원

○ 곧 퇴원할 수 있나 봐요.
걱정 끼쳤습니다.
→ すぐ退院できるらしいです。
ご心配お掛けしました。
스구 타이인 데끼루라시-데스. 고심빠이 오까께시마시따

○ 내일 퇴원한대.
→ 明日退院するんだってね。
아시따 타이인스룬닷떼네

중환자 & 수술

○ 그는 위독한 상태입니다.
→ 彼は病気が重い状態です。
かれ　びょうき　おも　じょうたい
카레와 뵤-끼가 오모이 죠-따이데스

重い 무겁다; 심하다 / 状態 상태

○ 이 달을 넘기기 힘들 것 같습니다.
→ 今月をのり越えることはきびしいと思います。
こんげつ　　　こ　　　　　　　　　　おも
콩게쯔오 노리꼬에루 코또와 키비시-또 오모이마스

のり越える 극복하다

○ 수술을 받아야 하나요?
→ 手術を受けなければなりませんか。
しゅじゅつ　う
슈쥬쯔오 우께나께레바 나리마셍까

○ 제왕절개 수술을 했습니다.
→ 帝王切開を受けました。
ていおうせっかい　う
테-오-섹까이오 우께마시따

帝王切開 제왕절개

○ 맹장 수술을 했습니다.
→ 盲腸を手術しました。
もうちょう　しゅじゅつ
모-쬬-오 슈쥬쯔시마시따

盲腸 맹장

○ 라식 수술에 드는 비용은 얼마입니까?
→ ラーシック手術にかかる費用はいくらですか。
しゅじゅつ　　　　　ひよう
라-식쿠 슈쥬쯔니 카까루 히요-와 이꾸라데스까

ラーシック 라식 / 費用 비용

병원비 & 보험

○ 진찰료는 얼마입니까?
→ 診察料はいくらですか。
신사쯔료-와 이꾸라데스까

○ 건강보험이 있나요?
→ 医療保険がありますか。
이료-호껭가 아리마스까

○ 저는 보험이 없어요.
→ 私は保険がありません。
와따시와 호껭가 아리마셍

○ 모든 비용이 보험 적용이 되나요?
→ すべての費用は保険がききますか。
스베떼노 히요-와 호껭가 키끼마스까

○ 반액만 보험 적용이 됩니다.
→ 半額だけ保険適用になります。
항가꾸다께 호껭 테끼요-니 나리마스

半額 반액 / 適用 적용

○ 일부 의약은 보험 적용이 안 됩니다.
→ 一部医薬は保険適用がききません。
이찌부 이야꾸와 호껭 테끼요-가 키끼마셍

医薬 의약

문병

○ 병원에 문병을 갔어. ➡ 病院にお見舞いに行った。
　　　　　　　　　　　　　뵤-인니 오미마이니 잇따

　　　　　　　　　　　　　　　　　　　お見舞い 문병

○ 빨리, 좋아지세요. ➡ 早く、元気になってね。
　　　　　　　　　　　　하야꾸, 겡끼니 낫떼네

○ 요시다 씨 병실은 ➡ 吉田さんの病室はどこですか。
　어디입니까?　　　　요시다산노 뵤-시쯔와 도꼬데스까

　　　　　　　　　　　　　　　　　　　病室 병실

○ 생각보다 훨씬 ➡ 思ったよりずっと元気そうで
　건강해 보이네요.　すね。
　　　　　　　　　　오못따요리 좃또 겡끼소-데스네

○ 다 나았어. ➡ 全快したよ。
　　　　　　　　젠까이시따요

　　　　　　　　　　　　　　　　　全快する 완쾌되다

○ 꼭 건강해질 겁니다. ➡ きっと元気になりますよ。
　　　　　　　　　　　　　킷또 겡끼니 나리마스요

- 아무쪼록 몸조리 잘하세요.
→ くれぐれもお大事に。
쿠레구레모 오다이지니

くれぐれも 부디, 아무쪼록 / お大事に 몸조심하세요

- 빨리 회복되기를 바랍니다.
→ 早く回復するように願います。
하야꾸 카이후꾸스루-니 네가이마스

回復する 회복하다

- 건강하십시오.
→ お元気になってください。
오겡끼니 낫떼 쿠다사이

- 심각한 병이 아니길 바랍니다.
→ 重い病気ではないことを祈ります。
오모이 뵤-끼데와 나이 코또오 이노리마스

- 편찮으시다니 유감입니다.
→ 体が悪いなんて残念です。
카라다가 와루이난떼 잔넨데스

残念だ 아쉽다

- 면회 시간은 몇 시까지예요?
→ 面会時間は何時までですか。
멩까이 지깡와 난지마데데스까

面会 면회

- 문병 가는데, 무엇을 들고 가면 좋을까?
→ お見舞いに、何を持っていけばいいかな。
오미마이니, 나니오 못떼 이께바 이-까나

처방전

- 처방전을
  써 드리겠습니다.
  → 処方箋を書いて渡します。
  쇼호-셍오 카이떼 와따시마스

  処方箋 처방전 / 渡す 내주다

- 사흘치 약을
  처방해 드리겠습니다.
  → 三日分の薬を処方いたします。
  믹까분노 쿠스리오 쇼호-이따시마스

- 처방전 없이는 약을
  사실 수 없습니다.
  → 処方箋がなければ薬を買うことができません。
  쇼호-셍가 나께레바 쿠스리오 카우 코또가 데끼마셍

- 약에 알레르기가
  있습니까?
  → 薬にアレルギーがありますか。
  쿠스리니 아레루기-가 아리마스까

  アレルギー 알레르기

- 현재, 복용하는 약이
  있나요?
  → 今、服用している薬はありますか。
  이마, 후꾸요-시떼 이루 쿠스리와 아리마스까

  服用 복용

- 이 약에 부작용은
  없나요?
  → この薬に副作用はありませんか。
  코노 쿠스리니 후꾸사요-와 아리마셍까

  副作用 부작용

Chapter 7.   391

약국 - 복용 방법

○ 이 처방전대로 조제해 주세요.
→ この処方箋で調剤してください。
코노 쇼호-센데 쵸-자이시떼 쿠다사이

調剤 조제

○ 이 약은 어떻게 먹으면 됩니까?
→ この薬はどうやって飲めばいいですか。
코노 쿠스리와 도-얏떼 노메바 이-데스까

○ 몇 알씩 먹어야 하나요?
→ 何錠ずつ飲まなければならないですか。
난죠-즈쯔 노마나께레바 나라나이데스까

錠 ~알, ~정

○ 다섯 시간마다 한 알씩 복용하세요.
→ 5時間ごとに一錠ずつ服用してください。
고지깡고또니 이찌죠-즈쯔 후꾸요-시떼 쿠다사이

○ 이 약을 1일 3회 한 알씩 식전에 복용하세요.
→ この薬を一日3回一錠ずつ食前に服用してください。
코노 쿠스리오 이찌니찌 상까이 이찌죠-즈쯔 쇼꾸젠니 후꾸요-시떼 쿠다사이

食前 식전

약국 - 약 구입

○ 감기약 좀 주세요. → 風邪薬お願いします。
かぜぐすり　　　ねが

카제구스리 오네가이시마스

○ 반창고 한 통 주세요. → 絆創膏一箱お願いします。
ばんそうこう ひとはこ　　ねが

반소-꼬- 히또하꼬 오네가이시마스

絆創膏 반창고

○ 붕대랑 탈지면 주세요. → 包帯と脱紙面をください。
ほうたい　だっしめん

호-따이또 닷시멩오 쿠다사이

包帯 붕대/ 脱脂綿 탈지면

○ 진통제, 있나요? → 鎮痛剤、ありますか。
ちんつうざい

친쯔-자이, 아리마스까

鎮痛剤 진통제

○ 가루약은 못 먹으니까, 알약으로 주세요. → 粉薬は飲めないんで、錠剤でください。
こなぐすり　の　　　　　じょうざい

코나구스리와 노메나인데, 죠-자이데 쿠다사이

粉薬 가루약/ 錠剤 알약

○ 두통에 잘 듣는 약 있나요? → 頭痛にきくお薬もらえますか。
ずつう　　　　くすり

즈쯔-니 키꾸 오꾸스리 모라에마스까

Chapter 7.　393

Unit 4 은행 & 우체국　　　MP3. C7_U4

은행 - 계좌

○ 저축 계좌를 개설하고 싶습니다.
→ 貯蓄口座を設けたいです。
쵸찌꾸 코-자오 모-께따이데스

貯蓄口座 저축 계좌 / 設ける 만들다

○ 어떤 종류의 예금을 원하십니까?
→ どんな種類の預金がよろしいですか。
돈나 슈루이노 요낑가 요로시-데스까

預金 예금

○ 저축예금인가요, 아니면 당좌예금인가요?
→ 貯蓄預金ですか、当座預金ですか。
쵸찌꾸 요낀데스까, 토-자 요낀데스까

当座預金 당좌예금

○ 이자는 어떻게 됩니까?
→ 利息はどうなりますか。
리소꾸와 도-나리마스까

利息 이자

○ 은행 계좌를 해지하고 싶습니다.
→ 銀行の口座を解約したいです。
깅꼬-노 코-자오 카이야꾸시따이데스

口座 계좌 / 解約 해약

○ 새로 통장을 만들고 싶은데요.
→ 新しい通帳を作りたいんですが。
아따라시- 츠-쬬-오 츠꾸리따인데스가

通帳 통장

○ 전화랑 인터넷으로도 잔고 조회가 가능합니다.
→ 電話やインターネットでも残高照会可能です。
뎅와야 인타-넷토데모 잔다까쇼-까이 카노-데스

残高 잔고 / 照会 조회

○ 정기예금이 만기가 되었어요.
→ 定期預金が満期になりました。
테-끼 요낑가 망끼니 나리마시따

○ 제 계좌 잔고를 알고 싶은데요.
→ 私の口座残高を知りたいのですが。
와따시노 코-자 잔다까오 시리따이노데스가

○ 인터넷 뱅킹을 신청하고 싶은데요.
→ インターネットバンキングを申し込みたいのですが。
인타-넷토방킹구오 모-시꼬미따이노데스가

입출금

○ 입금하고 싶은데요.
→ 入金して欲しいんですが。
뉴-낀시떼 호시-ㄴ데스가

入金 입금

○ 지금부터 예금과 출금을 하셔도 됩니다.
→ 今から預金と出金をしてもいいです。
이마까라 요낀또 슉낑오 시떼모 이-데스

出金 출금

Chapter 7. 395

- 오늘, 얼마를 예금하시겠습니까? → 今日、いくらを預け入れますか。
쿄-, 이꾸라오 아즈께이레마스까

預け入れる (은행에) 돈을 맡기다

- 2만 엔을 예금하려 합니다만. → 2万円を入金したいんですが[けど]。
니망엥오 뉴-낀시따인데스가[께도]

- 얼마를 인출하려 하십니까? → いくらを下ろしますか。
이꾸라오 오로시마스까

- 만 엔을 인출하려 합니다. → 1万円を下ろします。
이찌망엥오 오로시마스

송금

- 이 계좌로 송금해 주세요. → この口座に送金してください。
코노 코-자니 소-낀시떼 쿠다사이

送金 송금

- 국내 송금인가요, 해외 송금인가요? → 国内送金ですか、海外送金ですか。
코꾸나이 소-낀데스까, 카이가이 소-낀데스까

国内 국내

○ 캐나다로 송금하고 싶습니다.
→ カナダに送金したいです。
카나다니 소-낀시따이데스

○ 이체 수수료가 있습니까?
→ 引き落としの手数料はありますか。
히끼오또시노 테스-료-와 아리마스까
引き落とし 이체／ 手数料 수수료

○ 수수료는 150엔입니다.
→ 手数料は150円です。
테스-료-와 햐꾸고쥬-엔데스

ATM

○ 현금지급기는 어디에 있나요?
→ ATM はどこにありますか。
에-티-에무와 도꼬니 아리마스까

○ 어떻게 돈을 입금하나요?
→ どうやってお金を入金しますか。
도-얏떼 오까네오 뉴-낀시마스까

○ 여기에 카드를 넣어 주세요.
→ ここにカードをお入れください。
코꼬니 카-도오 오이레 쿠다사이

Chapter 7. 397

○ 계좌 잔고가 부족합니다.
→ 口座の残高が不足です。
코-자노 잔다까가 후소꾸데스

○ 잔액조회 버튼을 누르세요.
→ 残高の問い合わせのボタンをおしてください。
잔다까노 토이아와세노 보탕오 오시떼 쿠다사이

問い合わせ 문의, 조회

○ 현금지급기는 몇 시까지 사용 가능한가요?
→ ATMは何時まで利用できますか。
에-티-에무와 난지마데 리요-데끼마스까

○ 입금하시려면, 2층 현금지급기를 이용해 주세요.
→ ご入金される場合は、2階のATMをご利用ください。
고뉴-낀사레루 바아이와, 니까이노 에-티-에무오 고리요-쿠다사이

場合 경우, 케이스 / 階 ~층

○ 현금지급기에 문제가 생겼어요.
→ ATMに問題が起こりました。
에-티-에무니 몬다이가 오꼬리마시따

○ 기계가 카드를 먹어 버렸어요.
→ ATMからカードが出て来ないんです。
에-티-에무까라 카-도가 데떼 코나인데스

○ 현금카드가 손상됐어요.
→ キャッシュカードが損傷しました。
캿슈카-도가 손쇼-시마시따

キャッシュカード 현금 인출 카드 / 損傷 손상

398

○ 현금카드를 재발급 받고 싶은데요.
→ キャッシューカード再発行したいです。
さいはっこう
캿슈카-도 사이학꼬-시따이데스

再発行 재발행

신용카드

○ 신용카드를 신청하고 싶은데요.
→ クレジットカードを申請したいですが。
しんせい
쿠레짓토카-도오 신세-시따이데스가

○ 신용카드가 언제 발급되나요?
→ クレジットカードいつ発行されますか。
はっこう
쿠레짓토카-도 이쯔 학꼬-사레마스까

○ 사용한도액이 어떻게 되나요?
→ 使用限度額がいくらですか。
しょう げんどがく
시요-겐도가꾸가 이꾸라데스까

使用限度額 사용한도액

○ 최근의 신용카드 사용 내역을 확인하고 싶은데요.
→ 最近のクレジットカードの使用明細を確認したいですが。
さいきん しょう めいさい かくにん
사이낀노 쿠레짓토카-도노 시요-메-사이오 카꾸닌시따이데스가

使用明細 사용 내역

○ 신용카드를 도난당했어요. 해지해 주세요.
→ クレジットカードを盗難されました。解約してください。
とうなん かいやく
쿠레짓토카-도오 토-난사레마시따. 카이야꾸시떼 쿠다사이

Chapter 7. 399

환전

○ 환전할 수 있습니까? → 両替(りょうがえ)できますか。

료-가에데끼마스까

両替 환전

○ 원화를 엔화로 환전하고 싶습니다. → 韓国(かんこく)のウォンを円(えん)で両替(りょうがえ)したいです。

캉꼬꾸노 웡오 엔데 료-가에시따이데스

ウォン 원(한국의 통화 단위)

○ 여행자 수표를 엔화로 환전하고 싶은데요. → トラベラーズチェックを円(えん)で両替(りょうがえ)したいのですが。

토라베라-즈첵쿠오 엔데 료-가에시따이노데스가

○ 환전한 금액의 10%를 수수료로 받고 있습니다. → 両替(りょうがえ)した金額(きんがく)の10パーセントを手数料(てすうりょう)でいただいております。

료-가에시따 킨가꾸노 쥬파-센토오 테스-료-데 이따다이떼 오리마스

金額 금액

○ 길 건너편에 환전소가 있습니다. → 道(みち)の向(む)こう側(がわ)に両替所(りょうがえじょ)があります。

미찌노 무꼬-가와니 료-가에죠가 아리마스

向こう 건너편

400

환율

○ 오늘 환율이 어떻게 됩니까?
→ 今日のレートがどうですか。
쿄-노 레-토가 도-데스까

→ 今日のレートがいくらですか。
쿄-노 레-토가 이꾸라데스까

レート 환율

○ 오늘 엔화 환율이 어떻게 되나요?
→ 今日円のレートがどうですか。
쿄- 엔노 레-토가 도-데스까

○ 원화를 엔화로 바꿀 때 환율이 어떻게 되나요?
→ ウォンを円に換える時、レートがどうなりますか。
웡오 엔니 카에루 토끼, 레-토가 도-나리마스까

換える 바꾸다, 교환하다

○ 오늘 환율은 100엔에 1,300원입니다.
→ 今日レートは百円が1300ウォンです。
쿄- 레-토와 햐꾸엥가 센삼뱌꾸원데스

○ 100엔에 1,300원의 환율로 환전했어요.
→ 百円を1300ウォンのレートで両替しました。
햐꾸엥오 센삼뱌꾸원노 레-토데 료-가에시마시따

대출

- 대출을 받고 싶습니다.
  → 借り入れをしたいのですが。
  카리이레오 시따이노데스가

  借り入れ 차입, 꾸어 들임

- 대출에 대해 상담하고 싶습니다.
  → 借り入れについて相談したいです。
  카리이레니 츠이떼 소-단시따이데스

- 대출을 받을 때, 필요한 사항을 알고 싶습니다.
  → 借り入れをする時、必要の事項を知りたいです。
  카리이레오 스루 토끼 히쯔요-노 지꼬-오 시리따이데스

  事項 사항

- 제가 대출 받을 자격이 되나요?
  → 私は借り入れする資格になりますか。
  와따시와 카리이레스루 시까꾸니 나리마스까

  資格 자격

- 학자금 대출을 받으려고 해요.
  → 学資金の貸し出しをもらいたいです。
  각시낀노 카시다시오 모라이따이데스

  学資金 학자금 / 貸し出し 대출

- 주택 융자를 받을 수 있을까요?
  → 住宅融資をもらうことはできますか。
  쥬-따꾸유-시오 모라우 코또와 데끼마스까

  住宅 주택 / 融資 융자

○ 이자가 얼마입니까? ➡ 利息[利子]がいくらですか。
りそく　りし

기소꾸[리시]가 이꾸라데스까

○ 그 대출에는 15%의 이자가 붙습니다. ➡ その貸し出しには15パーセントの利息[利子]が付きます。
か　だ　　　　　　　　　　　　　　りそく　りし　　つ

소노 카시다시니와 쥬-고파-센토노 리소꾸[리시]가 츠끼마스

○ 6부 이자로 대출을 받았어요. ➡ 6パーセントの利息[利子]で貸し出しを受けました。
りそく　りし　　か　だ　　　う

로꾸파-센토노 리소꾸[리시]데 카시다시오 우께마시따

○ 대출 한도액이 어떻게 되나요? ➡ 貸し出しの限度額がいくらですか。
か　だ　　　　げんどがく

카시다시노 겐도가꾸가 이꾸라데스까

限度額 한도액

○ 저는 이미 융자금을 갚았어요. ➡ 私はもう融資金を返しました。
わたし　　　　ゆうしきん　　かえ

와따시와 모- 유-시낑오 카에시마시따

融資金 융자금

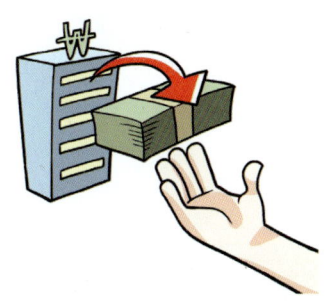

Chapter 7. 403

대출 보증

- 보증인 없이도 대출이 가능한가요?
  → 保証人なしでも貸し出しができますか。
  호쇼-닌나시데모 카시다시가 데끼마스까

  保証人 보증인

- 담보 없이는 은행 대출을 받을 수가 없습니다.
  → 担保なしでは銀行の貸し出しはできません。
  탐뽀나시데와 킹꼬-노 카시다시와 데끼마셍

  担保 담보

- 저는 집을 담보로 대출을 받았어요.
  → 私は家を担保に金を借りました。
  와따시와 이에오 탐뽀니 카네오 카리마시따

- 제 보증 좀 서 주시겠어요?
  → 私のために保証人になってくれませんか。
  와따시노 타메니 호쇼-닌니 낫떼 쿠레마셍까

- 내가 보증을 서 주겠어.
  → 私が保証をしてあげるよ。
  와따시가 호쇼-오 시떼 아게루요

편지 발송

- 80엔짜리 우표 세 장 주세요.
  → 80円の切手三枚お願いします。
  하찌쥬-엔노 킷떼 삼마이 오네가이시마스
  切手 우표

- 이 편지 요금이 얼마입니까?
  → この手紙の料金がいくらですか。
  코노 테가미노 료-낑가 이꾸라데스까
  手紙 편지

- 우편 요금은 착불입니다.
  → 郵便料金は着払いです。
  유-빈료-낑와 챠꾸바라이데스
  郵便料金 우편 요금 / 着払い 수취인 지불

- 보통우편인가요, 빠른우편인가요?
  → 普通郵便ですか、速達郵便ですか。
  후쯔-유빈데스까, 소꾸따쯔유-빈데스까
  普通郵便 보통우편 / 速達郵便 빠른우편

- 발신인의 이름과 주소를 어디에 쓰면 됩니까?
  → 発信人の名前と住所はどこに書いたらいいですか。
  핫신닌노 나마에또 쥬-쇼와 도꼬니 카이따라 이-데스까
  発信人 발신인

- 등기 우편으로 보내고 싶은데요.
  → 書留郵便で送りたいのですが。
  카끼또메유-빈데 오꾸리따이노데스가
  書留郵便 등기 우편

Chapter 7.

○ 우편번호는
  몇 번입니까?

→ 郵便番号は何番ですか。

유-빔방고-와 남방데스까

郵便番号 우편번호

○ 이 편지를 도쿄로
  부치고 싶은데요.

→ この手紙を東京に出したいんですが。

코노 테가미오 토-꾜-니 다시따인데스가

○ 서울까지
  도착하는 데
  어느 정도 걸립니까?

→ ソウルまで着くのにどのくらいかかりますか。

소우루마데 츠꾸노니 도노쿠라이 카까리마스까

○ 도착하려면
  얼마나 걸리나요?

→ 到着するまでどのぐらいかかりますか。

토-짜꾸스루마데 도노구라이 카까리마스까

○ 이틀 후에
  도착할 겁니다.

→ 二日後に到着します。

후쯔까고니 토-짜꾸시마스

소포 발송

○ 이 소포를 속달로 보내줬으면 좋겠는데, 내일은 도착합니까?
→ この小包を速達で送って欲しいんですけど、明日には着きますか。
코노 코즈쯔미오 소꾸따쯔데 오꿋데 호시-ㄴ데스께도, 아시따니와 츠끼마스까

小包 소포

○ 소포의 무게, 좀 달아주시겠어요?
→ 小包の重さ、ちょっと計ってください。
코즈쯔미노 오모사, 춋또 하깟떼 쿠다사이

重さ 무게

○ 소포의 내용물은 무엇입니까?
→ 小包の中身は何ですか。
코즈쯔미노 나까미와 난데스까

中身 속(에 든 것), 내용

○ 소포의 내용물은 책이에요.
→ 小包の中身は本です。
코즈쯔미노 나까미와 혼데스

○ 조심해 주세요. 깨지기 쉬운 물건입니다.
→ ご注意ください。割れ物です。
고쮸-이 쿠다사이. 와레모노데스

割れ物 깨어지기 쉬운 물건

Unit 5 미용실

MP3. C7_U5

미용실 상담

○ 헤어스타일을 새롭게 바꾸고 싶어요.
→ ヘアスタイルを新しく変えたいです。
헤아스타이루오 아따라시꾸 카에따이데스
ヘアスタイル 헤어스타일

○ 어떤 스타일로 해 드릴까요?
→ どのスタイルにしましょうか。
도노 스타이루니 시마쇼-까

○ 생각하신 스타일이 있으세요?
→ 思っているスタイルがありますか。
오못떼 이루 스타이루가 아리마스까

○ 헤어스타일 책을 보여 드릴까요?
→ ヘアスタイルの本を見せて上げましょうか。
헤아스타이루노 홍오 미세떼 아게마쇼-까

○ 알아서 어울리게 해 주세요.
→ 私に似合う髪形にしてください。
와따시니 니아우 카미가따니 시떼 쿠다사이
似合う 어울리다 / 髪型 헤어스타일

○ 이 사진 속의 모델처럼 하고 싶어요.
→ この写真の中のモデルのようにしたいです。
코노 샤신노 나까노 모데루노 요-니 시따이데스

커트

○ 커트만 하면 얼마예요?
→ カットだけならいくらですか。
캇토다께나라 이꾸라데스까

カット 커트

○ 어떻게 잘라 드릴까요?
→ どんなふうに切りましょうか。
돈나 후-니 키리마쇼-까

○ 얼마나 자를까요?
→ どれぐらいカットしますか。
도레구라이 캇토시마스까

○ 이 정도 길이로 해 주세요.
→ このぐらいの長さでしてください。
코노 구라이노 나가사데 시떼 쿠다사이

長さ 길이

○ 어깨까지 오는 길이로 잘라 주시겠어요?
→ 肩までの長さで切ってくれませんか。
카따마데노 나가사데 킷떼 쿠레마셍까

○ 머리를 짧게 자르고 싶어요.
→ 髪を短く切りたいです。
카미오 미지까꾸 키리따이데스

短い 짧다

Chapter 7. 409

○ 머리끝 약간만 잘라 주세요.
→ 毛先をちょっとだけ切ってください。
케사끼오 촛또다께 킷떼 쿠다사이

毛先 머리끝

○ 끝만 살짝 다듬어 주세요.
→ 先だけさっと整えてください。
사끼다께 삿또 토토노에떼 쿠다사이

先 끝 / 整える 정돈하다

○ 스포츠형으로 짧게 잘라 주세요.
→ 刈り上げにしてください。
카리아게니 시떼 쿠다사이

刈り上げ 뒷머리를 쳐 올림

○ 앞머리도 잘라 주세요.
→ 前髪も切ってください。
마에가미모 킷떼 쿠다사이

前髪 앞머리

○ 앞머리는 그대로 두세요.
→ 前髪はそのままにしておいてください。
마에가미와 소노마마니 시떼 오이떼 쿠다사이

そのまま 그대로

파마

○ 파마해 주세요.　→ パーマしてください。
　　　　　　　　　　パ-마시떼 쿠다사이

　　　　　　　　　　　　　　　　　　パーマ 파마

○ 어떤 파마를　　→ どんなパーマをしたいですか。
　원하세요?　　　돈나 파-마오 시따이데스까

○ 스트레이트 파마로　→ ストレートパーマをしてくだ
　해 주세요.　　　さい。
　　　　　　　　　스토레-토파-마오 시떼 쿠다사이
　　　　　　　　　　　　　　ストレートパーマ 스트레이트 파마

○ 웨이브 파마로　→ ウエーブパーマをしてくだ
　해 주세요.　　　さい。
　　　　　　　　　웨-부파-마오 시떼 쿠다사이
　　　　　　　　　　　　　　ウェーブパーマ 웨이브 파마

○ 파마를 하고 싶은데,　→ パーマをかけたいんです
　시간은 어느 정도　　けど、時間はどれくらい
　걸려요?　　　　　　かかりますか。
　　　　　　　　　파-마오 카께따인데스께도, 지깡와 도레꾸라이
　　　　　　　　　카까리마스까

염색

○ 머리를
   염색해 주세요.
→ 髪を染めてください。
   카미오 소메떼 쿠다사이

髪 머리카락 / 染める 염색하다

○ 어떤 색으로
   하시겠어요?
→ どんな色で染めますか。
   돈나 이로데 소메마스까

○ 지금 유행하는 컬러는
   무슨 색이에요?
→ 最近流行のカラーはどんな色ですか。
   사이낑 류-꼬-노 카라-와 돈나 이로데스까

○ 갈색으로
   염색해 주실래요?
→ 茶色で染めてください。
   챠이로데 소메떼 쿠다사이

茶色 갈색

○ 밝은색으로
   염색하면
   어려 보일 거예요.
→ 明るい色で染めれば若く見えるでしょう。
   아까루이 이로데 소메레바 와까꾸 미에루데쇼-

若い 젊다

○ 탈색하는 건 좀
   싫은데요.
→ ブリーチはちょっとすきじゃないです。
   부리-치와 춋또 스끼쟈나이데스

ブリーチ 블리치

미용실 기타

○ 저는 머리숱이 무척 많아요.
→ 私は髪の毛がとても多いです。
와따시와 카미노께가 토떼모 오-이데스

髪の毛 머리카락

○ 제 가르마는 왼쪽이에요.
→ 私の分け目は左側です。
와따시노 와께메와 히다리가와데스

分け目 가르마

○ 손상된 모발에 좋은 샴푸 있어요?
→ 傷んだ髪に優しいシャンプーってありますか。
이딴다 카미니 야사시- 샴푸-ㅅ떼 아리마스까

傷む 아프다 / 優しい 자극이 적다 / シャンプー 샴푸

○ 머릿결이 손상됐네요.
→ 髪が傷んでいます。
카미가 이딴데 이마스

○ 머리카락 끝이 다 갈라졌다.
→ 毛先が全部枝毛になった。
케사끼가 젬부 에다게니 낫따

枝毛 끝이 갈라진 머리털

○ 그냥 드라이만 해 주세요.
→ そのままドライだけしてください。
소노마마 도라이다께 시떼 쿠다사이

ドライ 드라이

Chapter 7. 413

네일

- 손톱 손질을 받고 싶은데요.

  → ネールケアをしたいですけど。
  네-루케아오 시따이데스께도

  ネールケア 손톱 손질

- 매니큐어는 어떤 색이 있나요?

  → マニキュアはどんな色がありますか。
  마니큐아와 돈나 이로가 아리마스까

  マニキュア 매니큐어

- 이 색은 마음에 안 들어요.

  → この色は気に入らないです。
  코노 이로와 키니 이라나이데스

  気に入る 마음에 들다

- 손톱을 다듬어 주세요.

  → つめを整えてください。
  츠메오 토또노에떼 쿠다사이

  つめ 손톱

- 저는 손톱이 잘 부러지는 편이에요.

  → 私はつめがよく割れる方です。
  와따시와 츠메가 요꾸 와레루 호-데스

 **Unit 6 세탁소**　　　MP3. C7_U6

세탁물 맡기기

○ 세탁해 주세요.　　➡ クリーニングをお願いします。
　　　　　　　　　　쿠리-닝구오 오네가이시마스

　　　　　　　　　　　　　　　　クリーニング 클리닝

○ 이 양복을　　　　➡ このスーツを洗濯してください。
　세탁해 주세요.　　코노 스-츠오 센따꾸시떼 쿠다사이

　　　　　　　　　　　　　　　　スーツ 양복

○ 이 바지를 좀　　　➡ このズボンをちょっとアイロンかけてください。
　다려 주세요.
　　　　　　　　　　코노 즈봉오 춋또 아이롱까께떼 쿠다사이
　　　　　　　　　　ズボン 바지/ アイロンかける 다림질하다

○ 이 코트를　　　　➡ このコートをドライクリーニングしてください。
　드라이클리닝 해
　주세요.
　　　　　　　　　　코노 코-토오 도라이쿠리-닝구시떼 쿠다사이
　　　　　　　　　　　　　　　　コート 코트

○ 모피도 함께　　　➡ ファーも、一緒にクリーニングしてもらえるんですか。
　세탁해 주실 수
　있나요?
　　　　　　　　　　화-모, 잇쇼니 쿠리-닝구시떼 모라에룬데스까
　　　　　　　　　　　　　　　　ファー 퍼, 모피

Chapter 7. 415

세탁물 찾기

○ 언제 됩니까?
→ いつ仕上がりますか。
이쯔 시아가리마스까

仕上がる 마무리되다

○ 세탁물을 찾고 싶은데요.
→ 洗濯物を受け取りたいんですが。
센따꾸모노오 우께또리따인데스가

○ 제 세탁물은 다 됐나요?
→ 私の洗濯物は仕上がっていますか。
와따시노 센따꾸모노와 시아갓떼 이마스까

○ 다음 주 월요일까지는 세탁해 주셨으면 해요.
→ 来週月曜日までには洗濯して欲しいです。
라이슈- 게쯔요-비마데니와 센따꾸시떼호시-데스

○ 세탁비는 얼마인가요?
→ 洗濯料金はいくらですか。
센따꾸 료-낑와 이꾸라데스까

얼룩 제거

○ 이 얼룩이 빠질까요?
→ この染みは取れるでしょうか。
코노 시미와 토레루데쇼-까

染み 얼룩

○ 얼룩 좀 제거해 주시겠어요?
→ 染み抜きをしてもらえますか。
시미누끼오 시떼 모라에마스까

○ 이 얼룩은 빨아도 지워지지 않아요.
→ この染みは洗濯しても落ちないです。
코노 시미와 센따꾸시떼모 오찌나이데스

○ 드라이클리닝을 하면 얼룩을 지울 수 있어요.
→ ドライクリーニングすれば、染みが抜けます。
도라이쿠리-닝구스레바, 시미가 누께마스

→ ドライクリーニングすれば、染みが取れます。
도라이쿠리-닝구스레바, 시미가 토레마스

○ 얼룩이 깨끗이 지워졌어요.
→ 染みがきれいに抜けました。
시미가 키레-니 누께마시따

Unit 7 렌터카 & 주유소 MP3. C7_U7

렌터카 이용

○ 이번 주 토요일에 차를 한 대 빌리고 싶습니다.
→ 今週の土曜日に車を一台借りたいのですが。
콘슈-노 도요-비니 쿠루마오 이찌다이 카리따이노데스가
台 ~대

○ 어떤 차를 원하십니까?
→ どんな車をご希望ですか。
돈나 쿠루마오 고끼보-데스까

○ 어떤 타입의 차가 좋으시겠습니까?
→ どのタイプの車がよろしいですか。
도노 타이푸노 쿠루마가 요로시-데스까
タイプ 타입

○ 렌터카 목록을 보여 주시겠어요?
→ レンタカーリストを見せてもらえますか。
렌타카-리스토오 미세떼 모라에마스까
レンタカー 렌터카

○ 밴을 빌리고 싶어요.
→ バンを借りたいのですが。
방오 카리따이노데스가
バン 밴

○ 소형차를 빌리고 싶어요.
→ 小型車を借りたいのですが。
코가따샤오 카리따이노데스가
小型車 소형차

418

○ 어느 정도 운전할 예정입니까? → どのぐらい運転する予定ですか。
도노구라이 운뗀스루 요떼-데스까

○ 닷새간 빌리고 싶습니다만. → 5日間借りたいのですが。
이쯔까깐 카리따이노데스가

○ 가능하면, 지금 바로 빌리고 싶습니다. → できれば、今すぐ借りたいのですが。
데끼레바, 이마 스구 카리따이노데스가

○ 렌탈료는 어떻게 됩니까? → レンタルの料金はいくらですか。
렌타루노 료-낑와 이꾸라데스까

○ 하루에 만 엔입니다. → 一日で一万円です。
이찌니찌데 이찌망엔데스

○ 한 단계 업그레이드하면, 요금은 얼마 정도 차이가 생기나요? → ワンランクアップグレードすると、料金はいくらくらい差が出ますか。
완랑쿠 압푸구레-도스루또, 료-낑와 이꾸라꾸라이 사가 데마스까

ワン 원, 하나/ ランク 순위, 등급/ アップグレート 업그레이드/ 差 차이

Chapter 7. 419

○ 보험을 드시겠어요? ➔ 保険をかけますか。

호껭오 카께마스까

○ 종합보험을 들어 주세요. ➔ 総合保険をかけてください。

소-고-호껭오 카께떼 쿠다사이

総合保険 종합보험

○ 어디로 반납해야 하나요? ➔ どこに返さなければならないですか。

도꼬니 카에사나께레바 나라나이데스까

返す 되돌리다

○ 전국 지점 어느 곳으로나 반납이 가능합니다. ➔ 全国の支店のどこにでも返却ができます。

젱꼬꾸노 시뗀노 도꼬니데모 벵꺄꾸가 데끼마스

全国 전국 / **支店** 지점 / **返却** 반납

○ 외국인도 일본에서 렌터카를 빌릴 수 있습니까? ➔ 外国人でも日本でレンタカーを借りられますか。

가이꼬꾸진데모 니혼데 렌타카-오 카리라레마스까

外国人 외국인

주유소

- 이 근처에 주유소가 있나요?
  → この辺でガソリンスタンドはありますか。
  코노 헨데 가소린스탄도와 아리마스까

  ガソリンスタンド 주유소

- 주유소에 들러요.
  → ガソリンスタンドによりましょう。
  가소린스탄도니 요리마쇼-

  よる 들르다

- 가장 가까운 주유소가 어디에 있나요?
  → 一番近いガソリンスタンドはどこにありますか。
  이찌방 치까이 가소린스탄도와 도꼬니 아리마스까

- 기름은 충분해?
  → ガソリンは十分か？
  가소링와 쥬-붕까?

  ガソリン 휘발유

- 기름이 다 떨어졌어. 주유소가 어디에 있지?
  → ガソリンが無くなった。ガソリンスタンドはどこにある？
  가소링가 나꾸낫따. 가소린스탄도와 도꼬니 아루?

Chapter 7.   421

○ 저 주유소에
잠시 들렀다 가자,
기름을 넣어야 해.

→あのガソリンスタンドに
ちょっとよって行こう、ガソリン
を入れなきゃ。

아노 가소린스탄도니 춋또 욧떼 이꼬-, 가소링오 이레나꺄

○ 그는 주유소에서
차에 기름을 넣고
있어요.

→彼はガソリンスタンドで車に
ガソリンを入れています。

카레와 가소린스탄도데 쿠루마니 가소링오 이레떼 이마스

○ 가득 채워 주세요.

→満タンにしてください。

만탄니 시떼 쿠다사이

満タン 탱크 가득히 휘발유를 채움

○ 5,000엔어치
넣어 주세요.

→5000円分入れてください。

고셍엠분 이레떼 쿠다사이

○ 요즘은
셀프 주유소도
늘어났어.

→最近はセルフのガソリンスタ
ンドも増えてきたよね。

사이낑와 세루후노 가소린스탄도 모 후에떼 키따요네

セルフ 셀프/ 増える 늘다, 증가하다

세차 & 정비

○ 세차해 주세요.
→ 洗車してください。
センシャしてください。
센샤시떼 쿠다사이

洗車 세차

○ 세차하고 왁스를 발라 주세요.
→ 洗車してワックスをかけてください。
센샤시떼 왁쿠스오 카께떼 쿠다사이

ワックス 왁스

○ 세차 요금은 얼마인가요?
→ 洗車の料金はいくらですか。
센샤노 료-낑와 이꾸라데스까

○ 배터리가 떨어졌어요. 충전해 주세요.
→ バッテリーがあがりました。充電してください。
밧테리-가 아가리마시따. 쥬-덴시떼 쿠다사이

○ 타이어, 점검해 주세요.
→ タイヤ、チェックしてください。
타이야, 첵쿠시떼 쿠다사이

タイヤ 타이어

○ 엔진오일, 좀 봐 주시겠어요?
→ エンジンオイル、ちょっと見てくれませんか。
엔징오이루, 춋또 미떼 쿠레마셍까

エンジンオイル 엔진오일

Chapter 7.　423